STEFAN SCHWARZ

WIR SOLLTEN UNS AUCH MAL SCHEIDEN LASSEN

SZENEN EINES VOLLKOMMEN UNVEGANEN LIEBESLEBENS

seitenstraßen | verlag

Impressum
1. Auflage, Januar 2015
Originalausgabe 2015
(c) Seitenstraßen Verlag GmbH, Berlin
Titelbildillustration: Jan Steins
Druck: besscom, Berlin
ISBN: 978-3-937088-11-2

… aber was ist das Geheimnis
einer langen Ehe?
Sich nicht scheiden zu lassen.

Olivia Harrison
(Frau von George Harrison)

INHALT

ZUERST

Mein Name ist Stefan Schwarz. Ich werde nächstes Jahr fünfzig Jahre alt und habe immer noch kein Haus gebaut, weil ich finde, dass es schon genug Häuser gibt. Wenn ich alle Bauchnabelfussel meines Lebens gesammelt hätte, könnte ich mir jetzt einen Pullover draus stricken. Lassen. Ich bin etwas kleiner, als ich wirke, komme aber trotzdem nicht mehr beim Rumpfbeugen mit den Handflächen auf den Fußboden. Ich kann fünfzehn verschiedene Gesichtsausdrücke in Wladimir Putins Gesicht erkennen, obwohl es die gar nicht gibt. Meine Frau hat wunderschönes braunes Haar. Nur leider wächst es so schnell raus. Unser Freundeskreis hat sich in den letzten drei Jahren verdoppelt. Ohne dass wir was dazu tun mussten. Einfach durch Scheidungen. Wir haben eine Katze. Sie erbricht sich manchmal in meinen Hausschuh. Nur um zu sehen, wie ich reagiere. Meine Tochter meint, die Mehrzahl von kleiner Fee sei Feenchen. Unsere Nachbarn gegenüber haben sich eine Küchenlampe gekauft, die man mit Händeklatschen anschaltet. Neulich haben sie sich gestritten, und dann war plötzlich die Lampe aus. Ich glaube, sie hat ihm eine geknallt. Meine Eltern wohnen in einem Neubau. Als sie dort einzogen, stand ein Kran vor ihrem Haus. Jetzt steht er vor ihrem Bett. Ich glaube, dass mein Sohn studiert, aber ansonsten bin ich konfessionslos.

TRENNEN MACHT SCHLANK

»Wir sollten uns auch mal scheiden lassen«, sagt meine Frau kürzlich beim Frühstück, nachdem sie sich nach langen inneren Kämpfen doch noch ein Butter-Croissant in den Mund gestopft hat. Die Trollprinzessin lässt vor Schreck die eklige Haut wieder zurück in die Tasse fallen, die sie gerade mit spitzen Fingern von ihrer Kakaomilch extrahiert hatte, um sie heimlich an die unter dem Tisch lauernde Katze zu verfüttern. Ich bin dabei, die Morgenzeitung zu lesen, und mein Gehirn beginnt vorsichtig zu analysieren, ob die eben in mein Ohr gedrungenen Worte »scheiden lassen« schon Anlass genug sind, die Aufmerksamkeit der eigenen Frau zuzuwenden.

»Sieben Kilo hat Daniela abgenommen während der Scheidung«, mampft meine Frau begeistert. »In Worten: sieben Kilo!«

»Sie hat noch viel mehr abgenommen«, erkläre ich im Schutz der Zeitung. »Sie hat Jörn das Haus, die Kinder und einen stattlichen Ehegattenunterhalt abgenommen! Und wenn sie gekonnt hätte, hätte sie ihm auch noch die Staatsbürgerschaft abgenommen«, erkläre ich mit der edlen Kühle eines Mannes, der weiß, dass die Gefühle einer Frau nach dem Ende einer Beziehung mindestens so heftig zu sein pflegen wie am Anfang einer Beziehung, wenn auch in zerstörerischer Hinsicht.

»Er wollte doch frei sein«, schluckt meine Möchte-gern-Ex-Frau den letzten Croissantrest hinunter, »sie hat ihm nur den Ballast abgenommen, der ihn bei seiner neuen Freiheit behindert. Jetzt kann er wieder Saxophon spielen wie früher!«

»Er spielt in der Einkaufspassage, Schatz. Und die Leute müssen das Geld in den Schalltrichter des Saxophons werfen, weil er sich keinen Hut leisten kann!«

Aber abgesehen von solchen Petitessen hat meine Frau recht. Daniela ist tatsächlich im Zuge der Trennung von einer schon ein bisschen angewabbelten Doppelhaushälftenmutti wieder zu der schlanken, scharfen, ja rassigen Kettenraucherin geworden, die ihre Kippe so nachhaltig im Ascher zerquetscht, als hätte sie eben ihren Ex inhaliert, und Jörn schwärmt mir bei jedem Freitagsbier von den unglaublichen Hebefiguren vor, die er mit seiner neuen Parship-Flamme – »Minimum!« – dreimal täglich im karg möblierten Altgesellenhaushalt durchturnt. Dabei hätte die beiden niemand davon abgehalten, diese tollen Sachen auch im Ehe-Modus zu veranstalten. Seltsamerweise verwandeln sich viele Menschen durch eine Scheidung erst in die Leute, die sie hätten sein müssen, um ihre Ehe zu retten. Offenbar sagen sich Menschen, die ihr eingestaubtes Ich loswerden wollen, erst mal vom Partner los, damit es keine Zeugen gibt, wenn man mit dem alten Selbst kurzen Prozess macht.

»Aber bitte, liebe Frau. Wenn es der Schlankheit dient, trennen wir uns eben«, sage ich, gelassen die Zeitung aufschüttelnd, um meine Frau listig mit Entgegenkommen zu verunsichern. »Mach es nicht, Papa«, sagt die Trollprinzessin plötzlich, »du wirst nicht schlanker, du wirst kleiner.« Ich lege überrascht die Zeitung weg und frage, wieso, denn im Gegensatz zum Dünnerwerden ist beim Kleinerwerden bei mir wenig Spielraum.

»Alexandras Eltern haben sich auch getrennt. Und vorher ist der Vater noch der Freund ihrer Mutter gewesen, aber wenn sie jetzt nach der Scheidung mit ihm telefoniert, sagt sie immer nur ›Freundchen‹ zu ihm.«

LIEGT NAHE

Die Trollprinzessin hat die Bildungsempfehlung für das Gymnasium erhalten. Und Mira und Lavinia sind auch unter den guten Erbsen. Meine Frau gluckt schon den ganzen Morgen stolz durch die Wohnung, als wären die ganzen Einsen auf dem Zeugnis alles ihre Gene und die unverzeihliche Zwei in Mathematik der üble Klecks vom Vater. Dann klebt sie mir einen Zettel auf das Handy-Display, um sicherzugehen, dass die Botschaft ankommt. »Block dir mal diese Termine für die Tage der offenen Tür! Wir müssen ein Gymnasium für unsere Tochter suchen!«

»Was sollen wir denn da suchen?«, frage ich. »Es gibt nur ein Kriterium: die Kürze des Schulwegs. Wir nehmen das nächste Gymnasium.«

Das nächste Gymnasium? Entsetzen malt sich in das Gesicht meiner Frau. Lebt sie tatsächlich mit einem Mann zusammen, der ohne jede Prüfung immer das Nächstliegende, womöglich sogar die Nächstliegende wählt und wählte? »Ich lasse meine Tochter«, enthebt mich meine Frau probeweise der Vaterschaft, »nicht auf irgendein Allerweltsgymnasium gehen!«

Ich hebe vorsichtig den Zettel vom Handy-Display, nur um zu sehen, dass das Draufkleben meine gerade im Tippen begriffene E-Mail mit dem Bruchstück »Du kannst mich mal ...«

an meinen Chef verschickt hat. (Eigentlich sollte noch »gegen Mittag anrufen« folgen). »Wir müssen auf der Hut sein«, lärmt meine Frau weiter, »ich kenne Gymnasien. Die verstellen sich doch jetzt alle, um meine Tochter zu bekommen.«

Na fein! Jetzt kann ich die nächsten Wochenenden damit zubringen, in den immerhin sechzehn städtischen Gymnasien irgendwelchen krampfhaft freundlich äugenden Chemielehrern Fangfragen zur mädchenbetonten Didaktik zu stellen oder auf dem Jungsklo kritisch Wandpopel zu zählen. Am Ende wird es dann sowieso das Gymnasium, auf das Mira und Lavinia gehen.

Es ist ein seltsames, verängstigtes Denken, das durch die gymnasialen Tage der offenen Tür stöbert. Dieses Schnüffeln nach winzigen Vorteilen. Aber Eltern sind keine Kanonen (auch wenn sie sich dafür halten) und ihre Kinder keine Geschosse, die bei Halbgradabweichungen im Alter von zehn ihr Lebensziel verfehlen. Deswegen ist es an der Zeit, das Maler-Uckert-Gesetz für Bilder (»Alle Bilder sind gleich groß, wenn der Betrachter den entsprechenden Abstand hat!«) auch auf die Schulwahl anzuwenden. Alle Schulen sind gleich, wenn man sie mit genügend Abstand betrachtet! Genauer gesagt: Schulen machen keinen Unterschied. In Bezug auf Lebenserfolg und Glück sind Schulen völlig egal.

Alles, was wichtig ist, kommt später. Kein Oscar-Preisträger hat je ins Mikrofon »Das alles verdanke ich nur dem Heinz-Pöppelmann-Gymnasium in Neu-Glosenow« geschluchzt. Nie hat sich im Trommelfeuer eines Hinterhalts in Afghanistan ein deutscher Feldwebel an seinen abgeduckten Kameraden mit dem Ruf gewandt: »Wenn jetzt keine ehemaligen Schüler des Friedemann-Hebestreit-Gymnasiums unter uns sind, so sind wir verloren!«

Dass der große Philosoph Wittgenstein auf die Realschule in Linz ging, mag ein strahlendes Licht auf diese Stätte abendländischer Bildung werfen. Aber er war nicht der Einzige, der zu jener Zeit dort Schüler war. Der andere hieß Adolf Hitler.

LETZTE ÖLUNG

Ich habe die Türen geölt. Meine Frau hatte mich drum gebeten. Vor etwa drei Jahren. Ich lasse stets etwas Zeit zwischen Wunsch und Erfüllung, damit sie nicht übermütig wird. Wenn ein Mann sofort macht, was die Frau will, bekommt er ja nicht mehr Liebe, sondern mehr Aufträge. Doch nun war der Tag gekommen, an dem mir so langweilig war, dass selbst das allerödeste Türölen sich anfühlte wie eine Versuchung. Stolz gehe ich durch die Wohnung und schwenke die lautlos und geschmeidig gleitenden Türen. Gefolgt von der Katze, deren gewohnt verständnisloser Blick sich im Laufe der Beölungen zu einer Art Fassungslosigkeit weitete. Zu stummer Fassungslosigkeit.

Früher miaute Minka an jeder Tür, egal ob sie dahinter oder davor stand. Seit der letzten Ölung aber ist das ewig mauzende Tier verstummt. Ich brauche eine Weile und ein paar Türen, bis ich das Rätsel gelöst habe. Die quietschenden Türen waren ihre Kumpels! Immer, wenn Minka vor einer Tür herumklagte, ging die Tür mit einem ebensolchen Klagelaut auf. Mehr Verständnis als bei einer quietschenden Tür kann eine Quasselkatze wie unsere kaum finden. (In puncto Anteilnahme waren die Türen sogar besser als der Kronsohn beim Computerspielen. Sie reagierten wenigstens, wenn auch nur mechanisch.) Wenn sich Minka also über den nervenden Fellwechsel beschweren wollte, ging sie zur Küchentür, weil die immer mit einem großmütterlich abgehackten »Eijeijei« aufschwenkte. Wenn es Minka nach Bewunderung verlangte, weil sie gerade mit ihrem bloßen Erscheinen am Fenster alle Stare im Kirschbaum zum Angstkacken und Wegflattern gebracht hatte, trottete sie zur Wohnzimmertür, die sich ihr mit einem langgezogenen »Hoooiii!« öffnete. Und nun?

Aber es kommt noch schlimmer. Meine Frau trägt die Weihnachtskisten ins Wohnzimmer und scheucht das sprachlose Katzentier mit dem Fuß davon. Das bedeutet: Katzensperrzone bis zum Dreikönigstag. Denn neben der Unterhaltung mit quietschenden Türen hatte unsere Katze lange noch eine zweite Freude. Besinnliches Lamettakotzen unterm Weihnachtsbaum. Gern schlich sich Minka im Schutz des familiären Lichterbaumstaunens ins Wohnzimmer, nur um schon beim zweiten Lied die christliche Hausmusik mit ihren eigenen »(Schluck!!), du fröhliche, (Würg!!), du selige, Gn…(Aaaarrrgh!) …den bringende Weihnachtszeit!« dissonanten Akkorden zu begleiten. Nach drei solcher Weihnachten hatte meine Frau von diesen Stücken für Vokal, Klavier und Wischeimer genug, und seitdem findet der Heiligabend für Minka im Gästeklo statt.

Mich jedoch dauert die Katze. Ihre knarzenden Freunde haben sich in aalglatte Typen verwandelt, und dann soll sie auch noch allein im Gästeklo Diätfutter knabbern.

Meine Frau zählt die Kerzenhalter durch, damit sie weiß, wie viele Paraffinkerzen sie nachher kaufen muss. Ich mag echte Kerzen nicht so. Das ist so festlich wie das Abbrennen einer Zündschnur mit Bombe unten dran. »Lass uns doch lieber diesmal elektrische Kerzen nehmen, damit die Katze mitfeiern kann!«, schlage ich vor. Meine Frau kann nicht erkennen, wo da der Zusammenhang ist. »Ich würde nämlich das Lametta mit unter Strom setzen«, sage ich.

Die Liebste überlegt. Ein Mann, der Türen ölen kann, kann vielleicht doch noch viel mehr.

AB INS BETT

Es ist Mittwoch, null Uhr dreißig. Der Kronsohn ist noch wach und guckt einen Kung-Fu-Film. Ab und zu geht er in die Küche, um in den Schubladen und Kühlschrankfächern nach etwas Essbarem in möglichst extra laut krachenden Verpackungen zu suchen. Er muss morgen erst um neun raus. Meine Frau tut so, als würde sie schlafen, aber ich bezweifle, dass jemand im Schlaf so schnell mit den Fingern auf dem Nachtschränkchen herumtrommeln kann. Ich würde Schwarz junior jetzt gern von der Couch hochnehmen und ins Bett stecken, aber anderthalb zappelnde Zentner kriege ich nicht gehalten, und außerdem müsste es ein Gitterbett mit einer Gitterhöhe von drei Metern sein, damit er nicht wieder rauskommt. Auch rechtlich gibt es keine Möglichkeit, ihn ins Bett zu schicken. Etwa die Polizei rufen und Beugeschlaf anordnen. Der Kronsohn ist seit Neuestem achtzehn. Er hat die Jahre so was von voll, er ist volljährig.

Vielleicht kann man ja das Bürgerliche Gesetzbuch dahingehend ändern, »dass auch volljährige Kinder immer vor ihren Eltern ins Bett müssen«. Dazu wären allerdings auch eine Verfassungsänderung und eine teilweise Aufhebung der UNO-Menschenrechts-Charta nötig. Und dies einzig und allein auf Wunsch eines einzelnen Mannes. »Ich will nicht sagen, dass es unmöglich ist«, sagt mein Rechtsanwalt, der nicht zu der Sorte zählt, die ihre Mandanten egal wie ermutigen, weil sie damit mehr Geld verdienen, »aber kein zurechnungsfähiger Mensch hat es bisher versucht.«

Ja, okay, ich habe den Zu-Bett-geh-Wettkampf zwischen meinem Sohn und mir verloren. Das schöne Gefühl am Abend, dass endlich Ruhe einkehrt und alle friedlich schlafen – ich musste es an meinen Sohn abgeben. Eine Weile habe ich noch durchgehalten, so etwa bis Mitternacht. Aber wenn man bei ausgiebigen Sexszenen im Spätfernsehen mehr und mehr auf das schöne, kuschelige Bett starrt als auf den munter vor sich hin reitenden Nackedei, dann ist der Punkt nicht mehr weit, an dem man aufsteht und sagt »Also, ich muss jetzt!« und der Sohn nur lässig zum Abschied die Hand hebt.

Ich muss jetzt schlafen – das heißt, Sohn, ich bin alt. Ich weiß, du hältst die Schwerkraft des Planeten noch für eine zu vernachlässigende Komponente, in deinen Berechnungen kommt sie gar nicht vor, aber ich spüre, wie die Erdanziehung mich in die Liegeposition zwingt, 18 Stunden dieses Tages hat mein Leib ihr widerstanden, nun ist es genug.

Vielleicht hätte ich ihm früher nicht immer sagen sollen: »Wenn du älter bist, kannst du länger aufbleiben!« Vielleicht hätte ich sagen sollen: »Wenn du älter bist, musst du leider länger aufbleiben!« Müssen mag der junge Herr ja gar nicht. Und kontrollieren hätte ich ihn sollen, ob er auch aufbleibt, wie es sich für einen Sechzehn-, einen Siebzehnjährigen gehört. Dann wäre er jetzt schon heimlich ins Bett geschlichen.

»Lass den mal Kinder haben«, sagt meine Frau plötzlich hellwach ins Stockdunkle, »dann kommen wir aber vorbei und machen Krach bis vier Uhr früh.«

»Ja, genau«, antworte ich und erinnere sie daran, in welch fortgeschrittenem Alter in dieser Familie Kinder gezeugt werden, »dann kommen wir vorbei und machen Krach – mit unseren Pflegerinnen ...«

HUNDSGEMEIN

Die Weltbevölkerung wächst, doch die Hundebevölkerung wächst schneller. Ich darf das sagen, weil ich gerade irgendwo reingetreten bin, wo ich statistisch gesehen früher nie hätte reintreten können. Es lag mitten in der Fußgängerzone. Wenn man sich in einer fremden Stadt auf dem Weg zu einem wichtigen Termin mit einer wichtigen und überdies noch gut aussehenden Schauspielerin befindet, ist eine frisch bekackte Schuhsohle, ich sage mal, unwillkommen. Doch das Problem ist nicht die wachsende Hundebevölkerung, es ist die wachsende, unqualifizierte, in ihren Beweggründen völlig rätselhafte Herrchenbevölkerung. Früher war der Hund ein Gebrauchswesen, ein Zubehör für Jäger oder Polizisten. Man hatte nicht einfach grundlos einen Hund, genauso wenig wie man nicht einfach grundlos eine Kaltwalzstraße zu Hause hatte.

Heute haben viel zu viele Leute einen Hund. Aber er wird zu rein gar nichts gebraucht. Er ist nur so eine Art Kumpel. Ein Kumpel, der aus dem Mund riecht, haart und mitten auf die Straße kackt. Ein Kumpel, der immer so tut, als würde er dir zuhören, dabei hört er weder zu, noch hört er überhaupt. Da kannst du »Beifuß!« rufen oder andere Kräuter. Völlig rille, wie Sohnemann sagt.

Aber es war nicht einfach das Verlangen nach irgendeinem Hund, das die Hunde- und Herrchenbevölkerung so anwachsen ließ, sondern es war der Wunsch nach einem besonderen Hund. Und so wie in einem Saal sich alle erheben, wenn der Sänger ruft: »Wer anders ist als die anderen, soll aufstehen!«, so hatte in den Neunzigern wirklich jede Eigenheimfamilie einen kinderfreundlichen Golden Retriever, damit wenigstens einer in der Familie wirklich kinderfreundlich war. An jedem Badestrand im Frühsommer, wo ich mich vorsichtig mit dem kühlen Nass bestrich, um keinen Herztod zu riskieren, planschte sofort so ein spritzender Zottelbruder neben mir in Richtung Stockenten.

Dann kamen die Kampfhunde auf, und sofort hatte jede dünnarmige Glatze so eine schafsgesichtige Töle an der Leine, um von seiner eigenen bedrückenden Ungefährlichkeit abzulenken. Seit ein paar Jahren sind es nun die putzigen Möpse und die drolligen französischen Bulldoggen (das sind die, die so aussehen wie fette, flugunfähige Fledermäuse), die sich von Jung und Alt durch die Gegend tragen lassen. Neuerdings sehe ich auch vermehrt chinesische Faltenhunde, wahrscheinlich eine Art Reflex auf die Generation Botox. Der Hund als Accessoire.

Doch zurück zu meinem Malheur. Ich hinke also in kleinen Spuren zum Hotel und suche in der Lobby einen Schuhputzautomaten, mit dem ich meine Sohle sauber bürsten kann. Die schöne Schauspielerin sitzt im schönen Restaurant, und wir bestellen uns Wein. Doch als sie den Bordeaux im Kelch schwenkt, rümpft sich ihre Nase. Auch der Nachbar stoppt den Gabelbissen überm Fischgericht. Der Kellner, der sich schräg gegenüber gerade beinahe die Augenbrauen wegflambiert hat, schaut verwirrt auf das Etikett der Spirituose. Sie irren alle. Ich drehe mich um und folge dem Geruch bis in die Lobby, zum Schuhputzautomaten. Es ist ein ungewöhnlich fein verteilter, gut zerbürsteter, alles durchdringender und sich überall festsetzender Geruch.

Das Hotel, glaube ich, können sie abreißen.

JE OLLER, DESTO ROLLER

Vater sitzt vorm Fernseher und guckt »Elefant, Tiger und Co.«. Vater hat alle Folgen gesehen. Und alle Wiederholungen. Vater hat zwei Gehirnhälften. In der einen sind seine Lebenserinnerungen, in der anderen befinden sich die etwa 450 Folgen von »Elefant, Tiger und Co.«. Allerdings nur notgedrungen: Vater sitzt im Rollstuhl. Dabei zwitschert jetzt der Frühling vor dem Fenster, und die Forsythien blühen, dass einem ganz Ostern wird. Jetzt im Walde so für sich hin zu rollen und nichts zu suchen, das wäre ganz in Vaters Sinn.

Aber Vater ist schwerbehindert, mit Betonung auf schwer. Mutter kann ihn nur noch vom Wohnzimmer in die Küche schieben. Jedoch nicht mehr den Kickelhahn hinauf. Die Wolga-Treidler würden es vielleicht schaffen. Aber wozu gibt es Elektrorollstühle?

Die Elektrorollstühle gibt es von der Krankenkasse, und die Krankenkasse schickt vorher jemanden vorbei, um die Fahrtüchtigkeit des fraglichen Senioren zu prüfen. Doch diesmal hatte mein Vater das Gefühl, dass die Gutachterin ihrem Namen nicht gerecht wurde, weil sie gar nicht auf das achtete, was bei meinem Vater noch gut war, sondern nur auf das, was nicht so gut war. So fragte die Dame ihn, ob er mit der rechten Hand an den linken Ellenbogen fassen könne und mit der linken an den rechten Ellenbogen. »Ich bin doch kein Schlangenmensch«, empörte sich Vater, aber er könne die Hände im Schoß zusammenlegen, und das sogar für Stunden. Dann fragte die Dame, ob er wenigstens die Hand über Schulterhöhe heben könne. Vater antwortete, er persönlich nicht, aber Mutter könne die Hand über Schulterhöhe heben. Nach einer halben Stunde feinmotorischer Inquisition hatte sich die anfängliche Skepsis der Gutachterin völlig verwandelt – in nackte Angst.

Deswegen möchte ich hier ein paar Überlegungen beisteuern, die die Krankenkasse vor ihrer endgültigen Entscheidung berücksichtigen sollte: Natürlich könnte es sein, dass Vater auf dem Wochenmarkt – in der einen Hand das Fischbrötchen, in der anderen Hand den Plastikbecher Bier – zufällig beim Gespräch mit einem alten Bekannten mit dem Ellenbogen den Joystick in die Turbo-Stellung rasten lässt. Natürlich könnte es sein, dass keiner der anwesenden Wochenmarktbummler die Geistesgegenwart besitzt, dem »Himmel, was ist das?« rufenden und an ihnen vorbeirasenden Vater das Fischbrötchen und den Plastikbecher Bier abzunehmen, damit dieser wieder die Hände für den Joystick frei hat. Und natürlich könnte am Ende der Wochenmarktgasse, die Vater nun mit der Höchstgeschwindigkeit von satten 15 Stundenkilometern entlangrollt, ein Verkaufsstand der beliebten Bürgel-Keramik den Weg versperren. Ein Verkaufsstand, in dem ein müder Azubi hockt, der nicht willens, bereit oder in der Lage ist, auch nur Teile des Geschirrs in den verbleibenden acht Sekunden fortzuräumen, damit Vater schadensarm durch den Ladentisch und das Regal brettern kann.

Was ich sagen will: Ein alter Mensch versagt nie allein, es ist auch immer die Welt um ihn herum, die versagt. Einen rollstuhlgerechten Wochenmarkt hier und da mit Strohballen zu bestücken, wie es an Formel-1-Rennstrecken gang und gäbe ist, kann ja wohl nicht das Problem sein. Ich würde mich auch an den Kosten beteiligen.

FUSKELRASERMIST

Ah, endlich! Eine Sportverletzung! Die Königin unter den sozialreputativen Krankheiten! Ein Riss im Wadenmuskel. Dafür wird man ja fast schon mehr bewundert als bedauert. Ich humpele unter anerkennenden Blicken an Krücken. Hinter den Blicken grübeln Gehirne, bei welchem sensationellen Backflip oder Killer-Loop ich mir diese übermenschliche Überlastungsläsion zugezogen habe. (Die Wahrheit: Ich bin umgeknickt. Im Stehen. Ich möchte nicht weiter darüber sprechen.) Alle wollen auf meinem Verband unterschreiben. Davon können andere Krankheiten nur träumen. Nehmen wir nur den guten alten Brechdurchfall. Auch er verlangt ein gerüttelt Maß an Heldentum, doch will niemand auf dem Eimer neben dem Bett unterschreiben.

Doch der Glanz einer öffentlich vorzeigbaren Sportverletzung wird leider stark überschattet durch die private Hilfsbedürftigkeit. Zwar unterstützt mich meine Frau, indem sie mir zum Beispiel den Müllbeutel um den Hals hängt, damit ich ihn auch mit Krücken runtertragen kann, aber ich würde noch nicht von einem klassischen »Helfersyndrom« sprechen wollen.

Sparsam ist ihr Zutun und mit Grund. Okay. Eine Frau, die ihren Mann pflegt, muss ihre Zuwendung genau dosieren. Macht sie zu viel, massiert und salbt sie mit sonst unbekannter Hingabe, ist der Mann schnell verdorben. Der Mann gewöhnt sich, beginnt die Krankheit als Weg zu sehen. Und zwar als Weg zu mehr Liebe. Das alles kann ich ja noch verstehen, aber als ich eines Morgens in aller Frühe, Bella ciao, umrahmt von Krücken, nach einer zweiten Tasse Kaffee verlange, sagt meine Frau in aller Seelenruhe das Wort: »Bitte!« Und als mir nach einer Minute die hingehaltene Tasse in der Hand zu zittern anfängt, ergänzt sie: »Sag ›Bitte‹!«

Dass meine Frau meine Notlage für Höflichkeitsunterricht missbrauchen will, ist ja wohl das Impertinenteste »ever«, wie ihre Trollcoolness sagen würde. Nur, weil ich mich beim Sport, beim Erhalt meiner einzig der Liebsten gewidmeten körperlichen Wohlgestalt, versehrt habe, soll ich jetzt um Dinge betteln, die ich sonst ohne ein Wort allein bewerkstelligen könnte? So fangen wir gar nicht erst an! Nein, ich werde mich jetzt vom Küchenstuhl hinunter auf die Fliesen werfen, um auf den Knien wie ein kaiserlicher Schrapnell-Invalide zur Kaffeemaschine zu robben. Hier kämpft ein Menschenschicksal gegen die Dankbarkeitszumutung der Pflege! Unwirsche Krüppel – jetzt beginne ich, euch zu begreifen! Wer will schon Danke sagen dafür, dass man nicht im Dreck liegen gelassen wird?

Sagen die Pflanzen Danke, wenn man sie gießt? Dass die Genesung schon Dank genug ist, unterscheidet den Pfleger vom Flegel. Andererseits: Hier könnte in einer Minute ein zweiter Kaffee stehen, wenn ich mein durchgehendes Krücken-Ego etwas zügelte ... »Mach mal doch jetzt bitte noch einen zweiten Kaffee!«, presse ich denn auch hervor.

Meine Frau bleibt sitzen. »Ich glaube, das ›Bitte‹ geht noch ein bisschen liebevoller!«, meint sie. Jetzt stehe ich auf. Wie der greise Tolstoi erhebe ich mich und rufe: »Diese Krücken haben nicht umsonst Katzenaugen vorn und hinten, damit die Gelähmten auf dunklen, feuchten Straßen forthumpeln können zu ...«

»... Mutti!«, ergänzt mein Weib und macht mir noch eine Tasse.

TISCHDECKE MIT PICKELN

Ein Laut äußersten Missfallens schallt am Montagmorgen gegen den Badezimmerspiegel und von da in die ganze Wohnung. Die Trollprinzessin stampft vom Badezimmer ins Kinderzimmer und vom Kinderzimmer in die Küche. Sie zerrt anklagend ihre Obertrikotage auseinander, als wolle sie das Teil zerreißen.

»Mama«, schreit sie, »das sieht aus wie eine Tischdecke!« Was aussieht wie eine Tischdecke, ist die hochwertig gestrickte Strickjacke, die die liebe Mutti dem Kind von einer Auslandsreise mitgebracht hat. Na ja, ein bisschen hat die Trollprinzessin recht. Aber wo ist das Problem? Vieles, was Frauen tragen, sieht aus, als wenn es auch als Vorhang oder Tischdecke zu verwenden wäre. Die Mutter, die gerade Apfelschnitze schneidet, damit das Kind nachher in der Hofpause genügend urgesunde, braun und muffig gewordene Obststückchen zum Wegschmeißen hat, schlägt eine andere Weste vor. Die orangenfarbige Steppweste. »Darin sehe ich aus wie ein Baby«, motzt die Trollprinzessin.

»Gott, hab dich doch nicht so!«, wirft ihr Bruder ein, dem die modische Aktualität oder auch der Geruch und das jeweilige Verrottungsstadium seiner Klamotten herzlich gleichgültig sind. »Du hast mir gar nichts zu sagen!«, schreit die

Zornkönigin und drischt auf ihn ein, denn große Brüder werden von den Eltern bekanntlich nur hergestellt, damit kleine Schwestern später bei Bedarf jemanden zum Draufprügeln haben. Das sollte stets mitdenken, wer sich über die Dickfelligkeit des Erstgeborenen beklagt.

»Such dir halt was anderes aus. Kannst doch anziehen, was du willst«, versuche ich, konstruktiv zu wirken, während neben mir am Tisch der Kronsohn unter dem Trommelwirbel der Schwesterfäuste tapfer damit fortfährt, sein Brötchen zu Ende zu schmieren. »Eben nicht«, schreit nun die Trollprinzessin wie von Sinnen, »alle Sachen sind doof! Überhaupt alles ist doof!«

Meine Frau schickt einen Blick zum Himmel. Aber ich weiß: Das plötzliche Doofwerden aller Kleidungsstücke und das unerwartet hinzukommende Doofwerden von überhaupt allem ist ein gutes Zeichen. Es kündet die Pubertät an. Die über Nacht gereifte Seele rebelliert gegen den ollen Kinderkörper. Von nun an wird sich die Trollprinzessin alle zwei Tage wegen absolut unverständlicher Nichtigkeiten in Sofas werfen und losheulen. Aber wir sind vorbereitet. Wir haben fast in jedem Zimmer ein Sofa.

Trotzdem schien mir angesichts dieser Kreischanfälle die Jungspubertät irgendwie entspannter. Jungs kriegen mit zwölf so eine Art Sauerstoffmangel und hängen dann fünf, sechs Jahre mit schweren Lidern und schlaffem Unterkiefer ab, als sei die Welt um sie herum ein Film in einer Fremdsprache. Bei Mädchen sind immer alle »schuld«, wenn sie reifen.

»Na gut«, pampt das Kind, »dann zieh ich eben diese Tisch-
decke an. Dann sehe ich eben aus wie eine Tischdecke.« Eine
Viertelstunde später stapft das Trollfräulein grimmig auf die
Straße hinaus, wo schon Mira und Lavinia warten.

»Cool«, sagt Mira, als sie die Strickjacke sieht. »Geiles Teil«,
sagt Lavinia dazu. »Aus London!«, erklärt Germaniens nächstes Supertrollmodel stolz – und findet es fast ein wenig schade, dass »London« nur so wenige Silben zum Betonen hat.

VORWÄRTS IMMER, RÜCKWÄRTS NIMMER

Menschen wegen ihrer Eigenart zu diskriminieren, dies sei fern von mir! Ich schneide Blinden keine Fratzen und grille auf Verlangen sogar Auberginenscheiben, auch wenn es so aussieht, als wären es Turnschuh-Dämpfungselemente aus Polyurethan. (Sie schmecken übrigens auch so.) Aber diesmal war es dann doch so weit. Der Intercity Hannover-Leipzig war schon gut besetzt, aber er wartete noch im Bahnhof auf einen Anschlusszug. Zuerst klemmte sich ein junger Mann durch die Tür, der einen aufgeklappten Laptop wie ein krankes Kind vor sich hertrug und ängstlich nach einem Platz mit Steckdose äugte, als würde er selbst gleich in den Ruhezustand versetzt. Dann traten zwei gute alte Freundinnen mit roten Wanderjacken ein, in diesem speziellen Alter, in dem Frauen quasi alles als »Bereicherung« empfinden, was ohne ihre Gatten stattfindet. Und als Letztes kam – ein Fatzke!

»Da haben Sie völlig recht, Dr. Pötzsch!«, rief der Fatzke in sein Mobiltelefon, während er die Tür aufschob. »Absolut! Das läuft auf eine Auffanggesellschaft hinaus! Das sehe ich ganz genauso!« Einen Fatzke erkennt man daran, dass er in öffentlichen Verkehrsmitteln mit lauter und klarer Stimme telefoniert, dabei gerne auch mal »zwei Millionen, und zwar Minimum« sagt, dass er in Restaurants Steaks zurückgehen lässt, weil sie »well done« und nicht »medium rare« sind, und sich in Hotels nach »Upgrade-Möglichkeiten« erkundigt. In jedem Unternehmen gibt es Arbeiter, Angestellte und Fatzkes. Fatzkes hätten wahrscheinlich schon längst eine eigene Gewerkschaft, wenn sie nicht alle selbst für den Vorsitz kandidieren würden.

Der Fatzke steckte jetzt sein Mobiltelefon ins Sakko, ging zum letzten freien Platz an meinem Tisch und erkundigte sich: »In welche Richtung fährt dieser Zug?« »In drei verschiedene«, antwortete ich wahrheitsgemäß, da der Zug ja erst in Richtung Osten, dann nach Süden und dann Südosten fahren wird. »Würden Sie bitte mit mir den Platz tauschen?«, bat der Fatzke. »Ich kann nur vorwärts fahren!«

Die Welt teilt sich bekanntermaßen nicht in Christen, Moslems, Hindus, Buddhisten, Parsen und Bahais (Habe ich jemand vergessen? Die Reihenfolge ist keine Wertung. Ich wollte sie nur nicht übereinander schreiben.), sondern in Menschen, die in Zügen rückwärts fahren können, und solche, die es nicht können.

Ich will jetzt nicht sagen, dass die Unfähigkeit, mit dem Rücken zur Fahrtrichtung zu sitzen, eine Behinderung ist, aber Vorwärtsfahrer sind dann eher doch bedauernswerte Spezialisten, so eine Art Koalabären unter den Bahnreisenden. Sollte es irgendwann mal nur noch Sitze mit Rückenlehne in Fahrtrichtung geben, werden sie leider zu Fuß gehen müssen und dann wahrscheinlich aussterben! Meine Frau leider auch.

Doch nun, im Angesicht des Fatzkes, wurde mir plötzlich ganz intolerant zumute. Eben noch den harten Insolvenzmacker markieren, tausend Leute zu Winziglöhnen auslagern und dann mit Fahrtrichtungspräferenzen herumschwächeln! »Plätze tauschen?«, herrschte ich ihn an. »Reißen Sie sich mal ein bisschen zusammen! Von einer Führungskraft wie Ihnen erwarte ich, dass sie den Mumm hat, in jeder Lage und unter allen Umständen Bahn zu fahren. Setzen Sie sich auf den verbliebenen Platz und erbrechen Sie sich von mir aus alle zehn Minuten wie ein Mann. Hier, Sie können meine Frühstückstüte haben, als Ihre persönliche Auffanggesellschaft …!«

BEREUTES WOHNEN

Als ich mit den ersten beiden Bieren aus der Küche kam, war Vater Dinkelkeks eingeschlafen. Er war nicht nur irgendwie eingeschlafen, Vater Dinkelkeks sah aus, als wäre er in unserer Couchecke erschossen worden. Er lag mit ausgebreiteten Armen quer über den Kissen, und ein Speichelfaden lief aus seinem offenen Mund. Ein Anblick, der eigentlich nicht an den Beginn, sondern ans Ende eines fröhlichen Herrenabends gehört. Etwas verstört weckte ich ihn. Er zuckte zusammen, fuhr auf und entschuldigte sich stammelnd: »Tut mir leid. Ich muss mich erst daran gewöhnen, dass ich ein Holzhase bin.«

Vater Dinkelkeks erklärte, dass sie gerade eine Feng-Shui-Beratung für ihr Haus durchgemacht hätten, welche ergab, dass er nach chinesischem Horoskop ein Holzhase sei, seine Frau jedoch eine Metallziege. Ich machte eine »Na ja, wo du es jetzt schon selbst sagst ...«-Verlegenheitsgeste, weil es das Geheimnis aller Männerfreundschaft ist, sich konkreter Meinungen über die jeweiligen Frauen zu enthalten. »Das Problem ist«, fuhr Vater Dinkelkeks fort, »Holzhasen müssen in andere Himmelsrichtungen ausgerichtet schlafen als Metallziegen.« Und so stellte sich heraus, dass er schon seit Wochen mit den Füßen seiner Frau vor Augen ein- und dementsprechend schlecht schlief.

Hinzu komme, dass sein Sohn nicht aus dem Kinderzimmer in die Abstellkammer umziehen wolle, obwohl sich das Kinderzimmer bei der Feng-Shui-Analyse als energetisch völlig blockiert, die Abstellkammer jedoch als Hort sprudelnder Energie erwiesen habe.

Diskussionen, Geschrei, Geheule und immer wieder stundenlange Sitzungen bei der Feng-Shui-Therapeutin habe es gebraucht, ohne Hannes Dinkelkeks bislang zum Einzug in die Abstellkammer bewegen zu können. »Wenn er nicht spurt, gib ihn zur Adoption frei!«, sagte ich. »Bei der Einrichtung der totalen familiären Harmonie darf man nicht zimperlich sein.«

Vater Dinkelkeks bezweifelte nun doch, dass ich es mit Feng Shui ernst meine. Aber ja, erwiderte ich, ich hätte ein paar sehr einfache Einrichtungsregeln, an die ich mich strikt halten würde. Tische immer mit den Beinen nach unten aufstellen. Schränke nicht mit den Türen zur Wand. In Gehaltserhöhungsgesprächen nicht mit dem Rücken zum Chef sitzen. Nie mit dem Kopfende unter eine Guillotine legen. Das war's schon. Damit wären schon meine Vorfahren ganz gut gefahren. Okay, hier und da wäre noch ein Ganzkörperspiegel im Badezimmer von Vorteil gewesen.

Vater Dinkelkeks wollte immer noch nicht glauben, dass ich ihm in puncto »Bereutes Wohnen« überlegen sei. »Aber euer Klodeckel auf dem Gästeklo steht immer offen, wo doch nun wirklich jeder weiß, dass dadurch wertvolles Qi verloren geht.« »Das ist Absicht«, prahlte ich, »wenn ich das Übermaß an Lebensenergie nicht ständig durch das offene Gästeklo ausleiten täte, würde meine Frau vor Glück ohnmächtig werden!«

Vater Dinkelkeks nuckelte am Bier und ging in sich. »Warum klappt es bei uns nicht? Seitdem wir alles auf Feng Shui umgestellt haben, habe ich irgendwie keine Lust mehr, bei mir daheim zu sein.«

»Das Glück wird nicht immer dort gefunden, wo man es sucht«, bot ich ihm die Buddel zum Gruß, »diese alte chinesische Weisheitslehre wollte, dass du mehr Zeit mit deinen Freunden verbringst, alter Holzhase!«

LASS AB VOM GLAUBEN

Als ich ein junger Mann sein musste, gab es – mal ganz vorsichtig formuliert – noch nicht so viele Telefone wie heute. Wenn man in der Zeit, als ich ein junger Mann zu sein hatte, eine junge Frau besuchen wollte, musste man da hinlatschen, wo sie wohnte, klingeln, ein bisschen rumstehen, noch mal klingeln und dann wieder weglatschen. Das war natürlich bei allem Paarungswillen ziemlich öde, und manch einer ist dann doch lieber zu Hause geblieben und hat Klarinette geübt oder Redoxreaktionen nachgerechnet. Mit einem Motorrad aber war das Mädchenabklingeln kein Problem. Hinfahren, wegfahren, wieder hinfahren – und wenn die Jungfer anwesend war, konnte man sie sogar auf den Sozius einladen, wo sie sich fester an einem festhalten musste, als man es sich in seinen unruhigsten Träumen vorgestellt hatte.

Dies fiel mir ein, als ich eines Tages die Plattfüße meines Sohnes orientierungslos auf der Jugendcouch liegen sah. »Willste nicht mal den Motorradführerschein machen?«, fragte ich. »Mmmh«, meinte der Sohn, der noch nie irgendwo klingeln, sondern immer nur irgendwo draufklicken musste. »Ich bezahl's auch«, ergänzte ich. »Mmmh«, meinte der Sohn abwesend und wechselte die Waffe im Ego-Shooter auf dem Bildschirm.

Gebrummt, getan. Schon anderthalb Jahre später hatte er wenigstens die theoretische Prüfung absolviert. »Gib mal Geld«, sagte der Sohn seinen Lieblingssatz, »wegen der praktischen Prüfung.« Ich gab Geld. »Und immer rechtzeitig blinken!«, rief ich ihm aufmunternd zu.

Zwei Stunden später schleppten sich schwere, irgendwie unbestanden wirkende Schritte die Treppe hoch. »Nicht geblinkt?«, fragte ich, und der Sohn starrte finster in die Leere einer Welt, wo man bei jeder Bewegung irgendwelche seltsamen Lichtzeichen geben sollte.

»Ach«, sagte ich und klopfte ihm auf die Schulter, »das kann doch mal passieren! Wirst sehen, beim nächsten Mal« … überfuhr er ein Stoppschild. »Künstlerpech«, sagte ich mit zusammengebissenen Zähnen und klopfte ihm etwas derber auf die Schulter, »aller guten Dinge sind drei!«

Beim dritten Mal hatte er seinen Personalausweis nicht dabei. Der pünktlich erschienene Prüfer kassierte wieder das Geld und die Prüfung. Ich sagte nichts mehr und wollte ihm auch nicht mehr auf die Schulter klopfen, es sei denn mit einem schweren Gegenstand.

Vierzehn Tage später sagte mein Sohn: »Gib mal Geld wegen Prüfung.« Da trat der Versucher an mich heran und flüsterte mir ins Ohr: »Fall ab vom Glauben an deinen Sohn, und ich will dir Geld und Sorgen sparen.« Aber ich wandte mich ab vom Versucher und sprach mit Fingern in den Ohren: »Ich glaube an ihn, denn ich bin ein Vater. An Gott, den Klimawandel oder an die Darmreinigung nach Dr. Hulda Clark kann ja jeder glauben. Aber ein Vater ist ein Vater, weil er dort anfängt zu glauben, wo andere aufhören.«

»Aber im Gegensatz zum Glauben an Gott, den Klimawandel oder diese komische Darmreinigung«, fuhr der Versucher fort, »gründet sich dein Glauben auf nichts.« »Außerdem hat er ja schon jeden möglichen Fehler gemacht. Da müsste er schon den Prüfer selbst umfahren«, lachte ich und lachte und hörte dann plötzlich auf zu lachen, weil das Telefon klingelte.

»Ich bin's«, sagte mein Sohn, »es lief eigentlich ganz gut … Bis fast zum Schluss … Da stand der Prüfer plötzlich mitten … Was ist noch mal ein Bänderabriss?«

VATER WIRD STILLGELEGT

Eines Tages wurde der Personalausweis meines Vaters ungültig. Vater merkte es erst gar nicht, weil er im Pflegebett lag und eine Kochsendung anschaute, wo Prominente für andere Prominente kochten. ›Wahrscheinlich streiken die Köche der Prominenten‹, dachte Vater. ›Recht so. Sollen die feinen Herren Prominenten mal sehen, wie das ist, wenn man selber kochen muss!‹

Aber wie er so einfach dalag und sein Personalausweis im Nachtschränkchen abgelaufen war, beging er eine Ordnungswidrigkeit. Wenn nun ein Polizist ins Zimmer gekommen wäre, um seine Personalien zu kontrollieren, wäre mein Vater »aufgeflogen«, wie wir modernen jungen Menschen sagen. Natürlich hätte mein rebellischer Vater dem Polizisten nicht sofort pflichteifrig den abgelaufenen Personalausweis gezeigt, sondern erst mal gefragt, was der Quatsch solle. »Beruhigen Sie sich, Bürger! Es ist nur eine Routinekontrolle«, hätte der Polizist zu deeskalieren versucht, »wir wollen nur ausschließen, dass sich Nicht-Anspruchsberechtigte anstelle der eingestuften Personen in Pflegebetten aufhalten, um sich zum Beispiel eine Dekubitusprophylaxe oder eine Liegendrasur zu erschleichen.« Mein Vater hätte jetzt meine Mutter gebeten, ihm mal an die Stirn zu tippen. »Wenn Sie nicht kooperieren, muss ich Sie mit aufs Revier nehmen«, hätte der Polizist dann gedroht, und Vater hätte geantwortet: »Da wünsche ich Ihnen viel Glück dabei« und sein Pflegebett bewusst auf Liegeposition gefahren, um dem Polizisten das Rausheben extra schwer zu machen.

Natürlich kam kein Polizist vorbei, und so hätte mein Vater noch jahrelang ordnungswidrig herumliegen können, ohne dass es jemandem aufgefallen wäre. Erst als meine Schwester eine Bankvollmacht ausstellen lassen wollte, um der Mutti ein paar Wege abzunehmen, fiel es auf. Unverrichteter Dinge kehrte meine Schwester ins Elternhaus zurück. Ein Anruf beim Amt wurde getätigt. Alles kein Problem. Vater soll sich ein neues biometrisches Passbild machen lassen und zur Unterschrift vorbeikommen.

Was? Ginge nicht? Bettlägerig? »Ach, da braucht er doch keinen Personalausweis mehr!«, schnarrte die Dame vom Amt durch das Telefon. Fragende Gesichter blickten in fragende Gesichter. Ist man denn im sozialen Sinne überhaupt noch ein Mensch, wenn man keinen Personalausweis mehr hat? »Na ja. Das ist, wie wenn man ein Auto stilllegt«, erklärte die Frau vom Amt über das laut gestellte Telefon, »da ist das Auto ja auch noch da, es nimmt nur nicht mehr am öffentlichen Leben teil.«

Das Wort »Stilllegen« weckte enorme Lebensgeister in meinem Vater. Er rief jetzt, das sei ja wohl die unsensibelste Formulierung, die er jemals gehört habe. »Ich meine doch nur, dass Sie sich von der Ausweispflicht befreien lassen können«, versuchte sich die Amtsdame an einer halbherzigen Entschuldigung. Aber Vater meinte, er wisse schon, worauf das hinauslaufe. Bald würde er sich von der Essenspflicht und der Trinkpflicht befreien lassen können. Aber nix da. »Herr Baader und Frau Meinhof haben auch nicht am öffentlichen Leben teilgenommen und hatten trotzdem Personalausweise, und zwar gleich mehrere!«

»Bedenken Sie doch den Aufwand! Das ist doch in Ihrem Falle bloßer Schmuck. Aber bitte, wenn es Ihnen so wichtig ist, dann kriegen Sie eben noch mal einen Personalausweis!«

Da lehnte Vater sich zufrieden zurück und schaltete seinen Wand-TV um, wo ein Film mit Johannes Heesters lief, der satte zehn Personalausweise in seinem Leben hatte ungültig werden lassen.

HIMMEL BLAU, GRÜNE FRAU – EIN REISEBERICHT

»Auf der Überfahrt von Teneriffa nach Gomera sollen manchmal Delfine zu sehen sein«, hebe ich den Blick aus dem Reiseführer zu meiner Frau, die neben mir in der munter über die Wellen schnellenden Schnellfähre sitzt. Aber meine Frau guckt nicht nach Delfinen. Sie guckt stur geradeaus. Recht hat sie. Nichts ist schneller enttäuscht als Tierbeobachtungshoffnungen aus dem Reiseführer. In Schweden sollen ja angeblich auch Elche sein. Wir haben überhaupt noch nie einen Elch in Schweden gesehen. Und wir waren oft in Schweden. 100 000 Elche werden jedes Jahr in Schweden geschossen. Wir haben auch mindestens 100 000 Schilder gesehen, auf denen vor Elchen gewarnt wurde, aber nie einen Elch. Vielleicht schießen die Schweden ja auf die Schilder. Oder wir haben einfach kein Auge für Elche.

Aber meine Frau ist jetzt nicht die Einzige, die nicht nach Delfinen guckt. Die Passagiere vor ihr und neben ihr tun es ebenfalls nicht. Sie beobachten statt dessen lieber meine Frau. Allerdings aus Selbstschutz, damit sie rechtzeitig flüchten können. Meine Frau kämpft mit einem herben Schluckauf, und auf ihrem Schoß hockt eine offene Tüte. Dafür, dass meine Frau ausgesprochen gerne verreist, wird sie verblüffend leicht reisekrank. Wir kämpfen uns ja hier nicht durch einen

Orkan. Draußen weht Windstärke 5 freundlich vor sich hin. Wer zwei Mal im Jahr aufbricht, um es sich irgendwo über den Wolken oder den Wellen übel ergehen zu lassen, sollte sich mal die Frage stellen, ob er wirklich reisen will oder nur einen Vorwand für bulimische Ausschreitungen sucht.

Andererseits ist bei uns die Urlaubsfähigkeit auch ein bisschen ungerecht verteilt. Ich vertrage alle Reise- und Lebensmittel, verreise aber nur ungern. Ich möchte nicht anderer Leute Kultur kennenlernen. Meistens lernt man ja auch gar nicht deren Kultur, sondern nur deren Steckdosenlochkonfiguration kennen, und deswegen muss man ja nicht fünf Stunden im Flieger sitzen. Aber meine Frau muss reisen. Sie will was erleben. Und wenn es nur Übelkeit ist.

Ein weiterer Grund, warum ich ungern verreise, ist, dass ich eigentlich ganz zufrieden mit den gemäßigten Breiten bin, in denen ich wohnen darf. Auf Teneriffa, das wir gerade per Schnellfähre verlassen, war hingegen volle Pulle Calima. Ostwind aus Afrika. Das ist ungefähr so, als wenn Ihnen jemand eine Heißluftpistole zum Lackabbrennen ins Gesicht hält. Aber nicht mal eben kurz, sondern dauerhaft und überall. Ich hätte nicht gedacht, dass man mit einem nassen Handtuch zugedeckt auf Fliesen schlafen kann, aber in einer original teneriffiösen Bergbaude bei Ostwind aus der Sahara ist es ganz okay.

»Haben wir wenigstens was zu erzählen«, lachte meine Frau am nächsten Morgen schlapp und torkelte dehydriert zur Kaffeemaschine. Das ist es doch: Weil meine Frau immer was zu erzählen haben will, dürfen wir nicht kommod an einem Hotelpool auf den Plastikliegen herumfaulen, sondern müssen von unklimatisierten Ferienhütten aus spannende Bergwanderungen unternehmen. In den ungemäßigten Breiten aber sind die Berge nicht grün und bewaldet, sondern kahl, porös und bröcklig. Der von meiner Frau gewählte Pfad durch die »Höllenschlucht« auf Teneriffa war aber gottlob gesperrt, weil erst kürzlich ein paar Urlauber von herabfallenden Steinen erschlagen worden waren. Meine Frau wollte trotzdem und sogar über den Sperrzaun klettern. Ich hielt sie am Knöchel fest.

»Wenn du das machst, haben nur noch deine Trauergäste was zu erzählen!« Meine Frau kletterte zurück, schalt mich eine Memme, und ich verteidigte mich nicht einmal, denn ich kenne das Spiel. Natürlich würde sie niemals im Geröllschauer die Schlucht entlangwandern. Sie testet nur, ob ich sie noch liebe. Es soll ja Männer geben, die dann sagen »Ja, geh ruhig. Ich setze mich hier so lange ins Café!«, weil sie gerade durchgerechnet haben, dass die Überführung von Teneriffa nach Deutschland sehr viel billiger ist als eine ordnungsgemäße Scheidung.

Jetzt, wo ich neben meiner grünen Frau in der Schnellfähre nach Gomera sitze, juckt es mich zwar ein bisschen, den Begriff Memme noch einmal mit ihr zu diskutieren, aber ich halte mich dann doch zurück. Die Stunde kommt, wo sie einen richtigen Mann brauchen wird. Das wirkliche Abenteuer wartet noch auf uns. Ich weiß es. Und es wird nichts mit hohen Bergen und wilden Tieren zu tun haben.

Diesmal ist es: eine Abflussverstopfung. Eine Abflussverstopfung in einer rustikalen, nun ja, vielleicht nicht gleich Finca auf Gomera. Genauer gesagt, ist es eine Abflussumleitung. Von der Toilette in die Dusche. Der Unrat verschwindet wie gewohnt im Abort, aber nur, um gleich darauf wieder in der Dusche zu erscheinen. Wir überlegen erst kurz, ob es irgendwas Landestypisches ist, was so sein soll, entscheiden dann aber, Hilfe zu holen. Und Hilfe holt – der Mann. Der Mann kann zwar – wie die Frau – kein Spanisch außer »Gracias«, aber er kann ja mit den Händen reden. Nun ist der Satz »Bei uns kommt die Scheiße in der Dusche hoch« ungefähr so einfach zu gestikulieren wie der Satz »Die Frequenz der Hochspannung im Teilchenbeschleuniger entspricht der Bahnumlauffrequenz der Ionen beim Durchlauf der Gaps zwischen den Hochfrequenzkavitäten«. Aber ich versuche es zumindest. Ich fahre die zwanzig Kilometer Serpentinen hinunter zu Don Miguel, unserem ausschließlich spanisch sprechenden Vermieter, und gestikuliere.

Don Miguel weiß sofort Bescheid. Er führt mich durch das kleine Städtchen, lacht dabei und zwinkert, und schwups stehen wir vor dem städtischen Springbrunnen. Ich schüttele den Kopf und mache noch einmal, nur diesmal vor den Leuten auf dem Marktplatz, all die abscheulichen Gesten, die man machen muss, um eine Abflussumleitung von der Toilette in die Dusche anzudeuten. Diesmal landen wir in einem Blumenladen. Einen großen Strauß Rosen, der aus einem Kübel hervorsprießt, will mir Don Miguel vermitteln. Bevor ich noch Gesten mache, die dazu führen, dass Don Miguel mich niederschießt, greife ich mir lieber im Blumenladen ein Blatt Papier und einen Stift und zeichne.

Ich bin ein guter Zeichner. Es wird fast so was wie eine Bildergeschichte. Don Miguel ist regelrecht erschrocken und schickt mir sofort zwei Bauarbeiter mit, die den Boden im Bade mit unsensiblen Spitzhacken aufhacken. Meine Frau hat sich wegen des Lärms nach draußen verzogen und sonnt sich im Bikini auf der Terrasse. Das führt leider dazu, dass sich die Bauarbeiten enorm verzögern, weil die Bauarbeiter alle zehn Minuten nach draußen auf die Terrasse gehen, um das Abfluss-Problem zu besprechen, wichtig vor sich hin zu rauchen oder meiner Frau lachend irgendwas Spanisches wie »Schöne Sonne heute« und »Schöne Bikini-Sonne heute« oder »Schöne Bikini-Sonne für Damen mit einer so tollen Bikinifigur« zu erzählen.

Aber meine Frau lässt sich nicht beeindrucken. Sie weiß, was sie an mir hat.

Abends kommt sie – endlich frisch geduscht – zu mir ins rustikal knarrende Fincabett und fragt: »Kannst du auch ›Mietminderung wegen kaputter Toilette‹ zeichnen?«

NOCH-GERADE-SO-ALLEIN-KÖNNER

Der Mensch. Wunderwerk der Evolution. Ausdauernd ist er. Läuft weiter als die leichtfüßige Gazelle im Serengeti-Park. Behände ist er. Erklimmt Bergeshöhen, unterhalb derer selbst die trittsicherste Gämse kopfschüttelnd zurückbleibt. Er kann einen Speer schneller und weiter werfen, als Kampfrichter ihm ausweichen können. Nur eins kann er nicht: einen halben Zentner schwere Röhrenfernseher durch eine schmale Tür auf die sehr niedrige Rückbank einer sportlich-schnittigen Mittelklasse-Limousine wuchten. Dazu hat er weder das Kreuz noch die Hüfte. Das hat die Evolution nicht vorgesehen. Warum auch? Röhrenfernseher sind doch längst ausgestorben, wird sich die Evolution gedacht haben, wenn die sportlich-schnittigen Limousinen auf dem Markt erscheinen. Und selbst wenn einer dieser urst schweren Röhrenfernseher noch irgendwo in einem Keller herumstand und endlich entsorgt werden soll, dürfte sich die Evolution weiter gedacht haben, wird doch kein Homo sapiens so saudumm sein, den in einen dieser sportlich-schnittigen …

»Soll ich mit anfassen, Väterchen«, hatte mein Sohn an jenem Samstag vor fünf Wochen gerufen, als er mich mit dem Ungetüm auf das Fahrzeug zuwanken sah. »Das schaff ich gerade noch allein, mein Sohn!«, hatte ich höhnisch hervorgepresst. Neben Rauchern und Trinkern sind vor allem Männer, die es gerade noch allein zu schaffen behaupten, eine schwere Belastung für die Krankenkassen. Für den finanziellen Gegenwert der Therapie, die mein Iliosakralgelenk nun wieder einrenken sollte, hätte der alte Röhrenfernseher auf einer Sänfte aus Damast und Seide von einer Ehrenkompanie der Bundeswehr im langsamen Stechschritt unter klingendem Spiel zum Wertstoffhof getragen werden können.

Kein Wunder, dass sich Männer, die es noch allein zu schaffen glaubten, niemals als die Volltrottel zu erkennen geben, die sie in Wirklichkeit waren. Nicht vor der Krankenkasse. Und schon gar nicht vor langhaarigen Physiotherapeutinnen. »Wie ist das passiert?«, fragte die Osteopathin, als sie sich behutsam mein Bein über die Schulter legte. »Ich habe einen Hund aufgefangen, der aus dem Fenster fiel«, sagte ich mit heldisch verhaltenem Schmerz. Die Therapeutin horchte ungläubig in das knarzende Geräusch meiner Hüfte und erwiderte dann: »Das muss ein Bernhardiner gewesen sein!«

Es war mir eine Lehre: Seit dem Tag, als ich es allein schaffen wollte, brauchte ich wie nie zuvor die Hilfe meiner Mitmenschen. Ich war froh, dass sie um mich waren. Ich war froh, dass es mir gelang, mich zurückzunehmen, nicht mehr »Du mich auch!« zu sagen und die kleinen Streits mit meiner Frau schneller beizulegen als früher, weil mir sonst niemand die Socken angezogen hätte.

Ich lernte es auch zu schätzen, dass sie bereit war, auf die mangelnde Beweglichkeit meiner Hüfte privatissimo Rücksicht zu nehmen und mir meine Passivität in den ehelichen Verrichtungen nicht zum Vorwurf zu machen, sondern selbst die Initiative ergriff. Ich lernte es nicht nur zu schätzen, ich gewöhnte mich sogar daran. So sehr, dass ich es bisher nicht über mich brachte, ihr zu sagen, dass ich seit zwei Wochen wieder schmerzfrei und mobil bin.

TRAU DEM LUKAS

Ich muss lange weg gewesen sein. Die Trollgymnasiastin hat ein Handy. Schickt SMSen wie »Komme später. Geh noch mit Fränzi zu Elli«. Kenne weder die eine noch die andere. Was machen die da? Ängstlich fiepsenden Rosettenmeerschweinchen Schleifchen einknoten? Backe rauchen hinter den Garagen? Oder einfach nur bäuchlings auf dem Teppich liegen und lesen? (Möchte ich auch noch mal. In meinem Alter geht leider nur noch eins. Der Abstand, wo meine Augen scharf ziehen, lässt sich in der Bauchlage nicht mehr herstellen.)

Bei aller verstörenden Selbstständigkeit ist Gott sei Dank noch etwas Kind übrig geblieben. Abends fragt die Trollprinzessin, ob ich noch kuscheln komme. Wir halten die Leuchtsteine an die Lampe und reden erst mal Quatsch. Zum Beispiel, was aus einem Dreieck wird, wenn man das Ei entfernt. Und wie viel nützlicher es ist, das Ei aus einem Zweieck zu entfernen. Zweiecke werden ja oft übersehen, weil man sie immer mit Linien verwechselt.

»Und sonst so?«, frage ich, nachdem wir ein bisschen abgegackert haben. »Was macht die Schule?« Es stellt sich heraus, dass die Trollprinzessin neben den stadtbekannten Hyperaktivisten Lukas gesetzt wurde, um irgendeinen methylphenidatähnlichen Einfluss auszuüben. Aus Gründen, die mir keiner wissenschaftlichen Prüfung standzuhalten scheinen, werden seit Beginn der Koedukation böse Buben neben brave Mägdelein gesetzt. Ebenso gut könnte man versuchen, Schwarzafrikaner in den Nationalsozialistischen Untergrund einzuschleusen. Die Trollprinzessin, die den mütterlichen Hang zur Weltspitze geerbt hat, ist leicht verzweifelt.

»Dieser Lukas! Der macht mich fertig. Zappelt die ganze Stunde rum und dreht sich immer um und quatscht. Oh, Papa! Der nervt total.« Gerade als ich ihr ganz kuschelväterlich zustimmen will, verspüre ich einen herben Widerstand in mir, der sich aus einer schon fast vergessenen Kontinuität meiner Persönlichkeit hervordrängelt. Denn die Wahrheit ist: Störenfried senior liegt neben meiner Tochter im Bett. Ich war der Lukas aller Lukasse. Meine Aufmerksamkeitsspanne war auf dem Stand der damaligen Technik nicht messbar. Mein Mitteilungsbedürfnis reduzierte alle Lehrer zu bloßen Stichwortgebern. Auf Fotos mit längeren Belichtungszeiten war ich der unscharfe Nebel neben meinen Mitschülern. Der Albtraum, aus dem Margot Honecker nachts im angstschweißnassen Rüschenhemd erwachte. »So ist das manchmal«, versuche ich den Spagat zwischen meinem Kinder- und meinem Vater-Ich.

»Ich halt das nicht mehr lange aus«, versucht sich die Trollprinzessin in frühweiblicher Hysterie und klammert sich an mich.

Ich streichle ihr übers Goldhaar. »Na ja, hab mal Geduld. Vielleicht entwickelt er sich ja noch«, verteidige ich heimlich meinen Artgenossen.

»Mama sagt, den muss man einweisen. Und die Eltern gleich mit.«

»Ach, Schatz«, sage ich, obwohl ich weiß, dass Deutschland das Land ist, wo alle sich gerne gegenseitig einweisen würden, »Lukas braucht einfach eine richtig schwere Aufgabe. Etwas, für das er tagein, tagaus verantwortlich ist. Eine … (ich suche das passende Wort) … Familie.«

ES PIEPT

Gebrauchsanweisungen sollte man stets gut aufbewahren. Gerade bei billigen Kinderarmbanduhren. Es ist nämlich durchaus nicht so, dass man da bloß einfach den Knopf links oben gedrückt halten und den Knopf rechts unten ebenso drücken muss, um die Winterzeit einzustellen, wie ein armbanduhrenunerfahrener Papa vorschnell denken mag. Damit stellt man bei billigen Kinderarmbanduhren nämlich nicht nur die Zeit, sondern auch gleich den Piep-Piep-Piep-Alarm mit ein. Und zwar auf 00:00 Uhr. Im Gegensatz zu den Besitzern billiger Jünglingsarmbanduhren drehen sich die Besitzer billiger Kinderarmbanduhren zu dieser Zeit nicht einfach wieder um und falten sich das Kissen über die Ohren oder feuern die piepende Uhr in den Haufen gärender Altwäsche, der neben der Xbox liegt. Nein, sie stehen auf und kommen mit der piependen Uhr zum Papa ins Schlafzimmer. Gott sei Dank schläft Papa diesmal noch nicht, sondern macht Liegestütze in einem Zelt aus Bettdecke, das Mamis Knie ihm gebaut haben.

»Piept!«, sagt die Trollprinzessin schläfrig und hält mir die Uhr hin. Mein Blut flüchtet panisch in den Kopf. Der Kopf schaltet meine Mimik, so gut es eben geht, von bewusstseinsgetrübter Liebhaber auf gütiger alter Uhrmacher. »Na, so was!« – Japs. – »Gib mal her.« – Hechel. – »Ich kümmere mich drum.« – Keuch. – »Morgen! Morgen früh gleich!«

Die Trollprinzessin schlurft mit unaufgewacht herabhängenden Schultern davon. Die »Atmosphäre« nimmt sie gleich mit. Ich rutsche noch mal rüber, aber meine Frau sieht mich verklungen wie ein Bergecho von der Seite an. Ihr ist was aufgefallen. »Warum hattest du eigentlich dabei die Augen zu? Hast du an eine andere gedacht?«

Ich sage ihr, dass ich dazu nicht die Augen zu schließen bräuchte. Ich habe eine völlig autonome Fantasie und kann mir eine Schüssel Mousse au Chocolat vorstellen, während ich auf einen Steuerbescheid gucke, und sogar umgekehrt. Meine Frau versucht mühsam, den Vergleich nicht auf sich zu beziehen. »Ist es wegen meiner Falten?«, bohrt sie weiter. Ich erkläre, dass Falten nicht per se hässlich seien, weil es sonst keine Plisseeröcke gäbe. »Bin ich dir zu alt?«, will sie weiter wissen. »Das kann ich nicht beurteilen«, sage ich, »weil wir uns zu oft sehen. Wenn wir uns nur alle paar Jahre sehen würden, wäre es vielleicht anders. Aber das ist ja der verborgene Zweck aller Langzeitbeziehungen, dass man im gemeinsamen Alltag das Vergehen der Zeit nicht so wahrnimmt.«

Meine Frau macht mich vorsichtig darauf aufmerksam, dass es einen Unterschied zwischen einer Erklärung der Liebe und einer Liebeserklärung gibt. Ich nehme mein Weib in den Arm, weil draußen der Winter dräut und unsere Bindung ein bisschen aufgegangen ist. »Ich kann in deinem Gesicht noch immer das Gesicht sehen, in das ich mich verliebt habe. Und damit ich mich immer daran erinnere, was mich daran so faszziniert, hat das Leben dankenswerterweise hinter die schönsten Stellen – deine blitzenden Augen und deine skeptischen Mundwinkel – ein paar Häkchen gesetzt.« Meine Frau seufzt erwärmt und sagt: »So was kannst du ruhig öfter sagen. Und es ist auch nicht so gefährlich, wenn man mal mitten im Satz unterbrochen wird ...«

OH, DIE KURZHAARFRISIERTEN

»Jetzt habe ich aber die Faxen dicke«, sagt Schwiegermutter. »Wir haben Zeit«, sage ich. Wir – das sind zwei Männer und eine Frau in einem kleinen Polo auf einer kurvenreichen Winterstraße. Der Polo ist ein GTI, quasi ein Bobbycar mit Raketenantrieb, und kann einem beim Beschleunigen die Wangen flattern lassen. Jetzt gerade nähern wir uns ziemlich schnell einem vor uns fahrenden Wagen. Schwiegervater räuspert sich und formuliert mit trockener Kehle den Namen seiner Frau. Denn: Schwiegermutter fährt. Leicht nach vorn gebeugt, die Hände auf dem oberen Drittel des Lenkrads, wie es ihr der Fahrlehrer vor einem halben Jahrhundert gezeigt hat. Der Fahrlehrer hieß vermutlich Walter Röhrl, die Rallye-Legende. Schwiegermutter fährt nach der Regel: Alter mal zwei ergibt Reisegeschwindigkeit. Schwiegermutter ist siebzig.

Jetzt reißt sie einen Gang herunter, um mit mehr Biss überholen zu können. Das Polo-Geschoss auf der furchterregend eisig glänzenden Straße hat nun einen Vortrieb am Rande der Traktionsphysik erreicht. Warum tut sie das? Will sie zwei Männer um ihr Leben flehen hören?

Niemals! Nein, lieber sterben, als eine vierfache Großmutter bitten, langsamer zu fahren. Die Schwiegermutter war mir vertraut als beste Kuchenbäckerin, als Krone der Orchideenhege, eine gütige ältere Dame, die jeden Morgen mit Bedacht Sonnenblumenkerne ins Vogelhäuschen streute. Und nun das.

Oder weiß sie gar nicht, was sie tut? Bei Menschen im reiferen Alter ist ja nicht immer gleich zu erkennen, ob es Absicht ist oder Gebrechen, Pirouette oder Schwindelanfall. Im Auto, das wir überholen wie Jedi-Ritter auf ihren Düsenschlitten, folgen uns entgeisterte Gesichter. Wir rasen vorbei und schlittern in die nächste Kurve. »Diese Transusen«, höhnt Schwiegermutter und schaltet wieder hoch. Ich bin fassungslos.

Vielleicht ist es aber auch das Freizeitjacken-Phänomen! Das von mir entdeckte Freizeitjacken-Phänomen besagt, dass die Menge der Abenteuerlust in einer Ehe immer gleich bleibt. In der ersten Lebenshälfte sieht man die Männer grölend zu Fußballturnieren und Skatrunden ziehen. Irgendwann verlässt sie aber die Lust aufs Abenteuer, und sie sagen sich: »Gott sei Dank sitzt ja seit ein paar Jahrzehnten meine Frau zu Hause und wartet auf mich. Zu der werde ich jetzt mal heimkommen, und denn machen wir uns einen schönen Lebensabend vorm TV.«

Falsch gedacht! Denn genau in diesem Moment lassen sich die Frauen praktische Kurzhaarschnitte schneiden, kaufen sich rote Freizeitjacken, füllen ihre Butterbrotbüchsen und sagen »Tschüss, bis Sonntagabend«, um mit anderen kurzhaarfrisierten roten Freizeitjackenträgerinnen Bahnreisen zu irgendwelchen Stätten der Romanik anzutreten. Da stehen sie dann und seufzen vor kultureller Bereicherung. Oder sie wandern durch Weinberge. Oder latschen mit Mara und üppig Cash über den Basar von Marrakesch.

Schwiegervater hockt im Sitz, die Hand um den Haltegriff über der Beifahrertür. »Wir sind soeben ins Schleudern gekommen«, sagt er sehr bestimmt, nachdem wir glücklich aus der Kurve sind.

»Ach Männe, hab doch mal Vertrauen«, tätschelt Schwiegermutter sein Knie, »wir sind nicht geschlittert. Ich hab ihn nur ein bisschen driften lassen.«

VIER, SETZEN

In der Psychologie gilt es als Definition von Wahnsinn, wenn man immer wieder dasselbe tut und jedes Mal ein anderes Ergebnis erwartet. In der Unterhaltungselektronik ist es dagegen eine Erfolgsstrategie. Siebenmal habe ich die DVD in den Schacht geschoben. Siebenmal konnte der Blu-ray-Player die DVD nicht lesen. Jetzt kann er es auf einmal. Interessant. Das heißt ja dann wohl: Er wollte nur nicht. Siebenmal stand auf dem Display in kafkaeskem Bürokraten-Passiv »DVD kann nicht gelesen werden«.

Beinahe hätte ich die unschuldige DVD zurückgegeben. Der Blu-ray-Player ist ein verlogenes, feiges Gerät. So was will aus Japan stammen. Ein wirklich japanischer Blu-ray-Player würde jetzt den Anstand besitzen und sich die Platine aufschlitzen. So was möchte man nicht mal auf den Müll schmeißen, sonst geht der Ärger bloß in Bukarest weiter.

Die Trollprinzessin kommt ins Wohnzimmer gemuffelt. Diesmal hat sie ausnahmsweise keine Pubertät. »Danke, Papa!«, sagt sie und wirft mir ihren Deutschhefter hin, wo unter der letzten Hausaufgabe eine fette rote Vier prangt. Mir stockt kurz der Atem. Nicht die Trollprinzessin hat diese Zensur kassiert. Ich habe eine Vier in Deutsch bekommen. Ich wollte ihr helfen.

Ich glaubte, ihr helfen zu können. Deutsch schien mir bekannt. Es war Vaters Muttersprache.

Es galt, in einem Text den Spannungsbogen zu identifizieren und einzuzeichnen. Nun war zwar meiner Meinung nach das einzig Spannende an diesem Text, dass ihn jemand für spannend erachtet hatte, aber egal. Ich nahm einen Bleistift und zeichnete einen schönen gleichmäßigen Spannungsbogen. Das war offenbar falsch. Nach Einschätzung des Lehrmittelgremiums Deutsch fünfte Klasse begann die Spannung erst im zweiten Drittel dieses gleichmäßig lauen Textes, stieg dann angeblich auf ein quasi unerträglich spannendes Sesselkraller-Niveau, um dann wieder abrupt abzufallen.

Die Trollprinzessin, die mir vertraut hatte, sah mich enttäuscht an. Was sollte ich sagen? »Baby, es gibt keine objektiven Spannungsbögen, genauso wie es keine staatlich festgelegten Lieblingsfarben gibt. Die haben einen an der Waffel! So sieht's aus!« Das wäre unverantwortlich. Wer seine Kinder zu früh zur Rebellion aufruft, verhindert soziales Lernen. Jeder Mensch muss selbst herausfinden, dass Schule und Wirklichkeit, Schule und Können, Schule und Selbstwert nichts miteinander zu tun haben. Dass es nur darum geht, herauszufinden, was der Lehrer im Wechsel seiner Launen von einem hören oder lesen will. Deswegen sagte ich ausweichend: »Bei uns früher im Osten waren die Spannungsbögen halt anders!«

Trotzdem, komisches Gefühl, auf der Höhe seiner Schaffenskraft noch einmal in seinem ureigensten Metier von der Schule abgekanzelt zu werden. Irgendwie konnte ich das

nicht so stehen lassen. Nachts schlich ich mich zur Schulta-
sche und nahm den Deutschhefter heraus. Ich strich die Vier
durch, malte ein F daneben und schrieb »Schade! Das können Sie besser, Frau …! Geben Sie sich das nächste Mal mehr
Mühe bei der Benotung! Hochachtungsvoll!«

Da fiel mein Blick auf den Blu-ray-Player, und mir kam ein
Verdacht. Vielleicht hatte er sich geweigert, die DVD zu lesen,
weil sie nicht spannend genug war …

TSSS!

»Eh, ich kann heute Abend nicht«, sagt Jessy zu mir, »wegen meiner Mutter. Die alte Schlampe.«

Gut, jetzt sollte ich mich mal lieber zu erkennen geben. Nicht nur, weil die Zeit drängt und meine Frau mit mir zur Party will. Jetzt sollte ich der Ordnung halber sagen, dass ich nur der Vater des jungen Mannes bin, den sie am anderen Ende wähnt. Aber wenn Vater und Sohn am Telefon nun schon mal zum Verwechseln ähnlich klingen, warum soll man das nicht nutzen? Zum Beispiel, um gleich mal mit Jessy Schluss zu machen?

Denn eins ist ja wohl in den letzten drei Sätzen der jungen Dame klar geworden: Entweder ist Jessys Mutter tatsächlich eine alte Schlampe, dann ist – zumindest statistisch gesehen – auch von ihrem Nachwuchs abzuraten, oder Jessy ist eher selber eine, weil sie ihr Mütterlein mit derartigen Vokabeln belegt. Dann wollen wir sie erst recht nicht. Aber ich bin fair gegen meinen Sohn und murmle ein täuschend jungmuffliges »Mmh, okay, alles easy!«, nur um mir dann von Jessy ein »Alles easy? Wie bist du denn drauf?« anhören zu müssen.

Wahrscheinlich sagt man »Alles easy!« nicht mehr. Man sagt ja vieles nicht mehr. Das Bundesgesetzblatt sollte mal eine Liste herausbringen mit Wörtern, die man nicht mehr sagt. Weil sie, von falschen Leuten in den Mund genommen, ihre ursprüngliche Reinheit einbüßten und nun allseits gemieden werden wie ein gefallenes Mädchen oder weil die Diskussion in Amerika schon viel weiter ist.

Hingegen gibt es einen Satz, den jede Frau jenseits der vierzig wenigstens einmal in ihrem Leben sagt, obwohl er nun wirklich die Afrikanerpuppe unter den deutschen Sätzen ist. Meine Frau sagt ihn, als wir von der Party nach Hause schlendern. »Gegen Stefanie sehe ich doch echt noch gut aus!« Unversehens befinden wir uns im Dickicht relationaler Schönheit.

Reife Frauen stärken sich gerne im Binnenvergleich mit der Betrachtung unterschiedlicher Verfallsgeschwindigkeiten. Stefanie sieht immer noch gut gegen Jenny aus. Und Jenny kann sich dann wenigstens im Gegensatz zu Birgit noch sehen lassen. Nur Birgit muss leider zu Hause bleiben. Hinter Birgit kommt niemand mehr. Meine Frau sieht mich erwartungsvoll an. Ich soll es ihr bestätigen.

Ich will nicht. Nicht, weil es nicht wahr wäre. Ich mag nur einfach Loyalitätstests auf Hetzbasis nicht.

»Ihre Beine sind noch halbwegs okay«, versucht meine Frau weiter, mich listig ins Bewertungsgestrüpp zu zerren, »aber die Partie um die Augen rum hat schon ganz schön gelitten.«

Ich weiß allerdings, worunter die Augenpartien von Stefanie gelitten haben. »Sie kann nichts dafür«, sage ich. »Die hat sie vom Vater. Der hat genau dieselben Triefaugen.« Eigentlich mokiert sich meine Frau über andere Gene. Das sollte dann auch so gesagt werden. Etwa: Hast du die gesehen, was die für seltsame Gene hat! Tsss!

»Aber für ihren Geschmack kann sie was«, lästert mein Weib weiter neben mir im heimischen Flur. »Dieses tief ausgeschnittene Kleid. Das sah doch echt verboten aus. Wie eine Schl…«

Da fällt mir wieder ein, dass ich meinem Sohn noch was sagen wollte. »Jessy hat angerufen«, sage ich zum Kronsohn, der im Wohnzimmer auf meinem Sofaplatz herumlungert. »Ja, weiß ich. Hab sie angerufen. Leg dir mal eine andere Stimme zu!«, sagt mein Sohn finster.

NACHRUF AUFS FASTEN

Schulferiengeburtstagskinder! Was mag in ihren Seelen vorgehen? Können sie zu glücklichen Erwachsenen heranreifen? Oder ist es der gemeinsame Nenner aller Verlierer und Versager, dass sie als Kinder immer nur das matte Klatschen ihrer Eltern hinter sich hörten, wenn sie ganz ohne johlende Freunde irgendwann zwischen Juli und August die Tortenkerzen ausbliesen? Man weiß es nicht, aber ich habe zumindest eine Ahnung davon, seit ich in den schlimmen Leberferien Geburtstag habe. Seit ein paar Jahren verabschieden sich immer mehr Freunde am Aschermittwoch in die Leberferien. Ich stehe dann an meinem Ehrentag vor einem Haufen nüchterner Untoter, die nacheinander »Für mich bitte nur Wasser!« oder »Ich habe noch genug O-Saft zum Anstoßen!« in sich hineinmümmeln. Das mir, dem am Geburtstag immer schon das Einschenken und das Nachschenken wichtiger war als alles Schenken zusammen!

Ich möchte deswegen an dieser Stelle folgende Erklärung alttestamentarischen Unwillens abgeben: Liebe Freunde des vorösterlichen Medium-Sprudels! Ihr alkoholfastenden Spinner könnt mich mal kreuzweise! Wenn sich wenigstens ein einziger Katholik unter euch fände, hätte es noch einen Hauch von Brauch. Aber ihr Bande von Ungläubigen und kirchensteuerbefreiten Krippenspielvoyeuren habt kein Recht, eure eitle Leberschonung mit der Passion Christi zu verknüpfen! Verzichtet von mir aus im Ramadan, während der Olympischen Spiele oder an Stalins Geburtstag auf Wein und Wodka! Oder wenn ihr schon verzichten müsst, verzichtet aufs Rauchen! Seltsamerweise scheint das erzschädliche Rauchen nicht zu den unterbrechungsfähigen Lastern zu zählen. Ich habe überhaupt noch nie jemanden gesehen, der mal ein paar Wochen im Frühling aufs Rauchen verzichtete, um sich dann im Hochgefühl einer solchen allgemeinen Lungenlüftung genießerisch eine 2012er Montechristo Edicion Limitada anzufackeln.

Auch das Meinungsfasten wird viel zu wenig praktiziert! Denkt an all die unqualifizierten und überflüssigen Meinungen, die ihr das ganze Jahr über absondert! Klappt euren Facebook-Daumen mal eine Weile ein! Richtet nicht (über Hotels, Bücher, Spielfilme), auf dass ihr wieder richtig werdet! Anders als der öde Alkoholverzicht wirkt das Meinungsfasten in Ehen wahre Wunder. Schweigt fest und beharrlich, wenn der Versucher in Gestalt eures Weibes euch fragt: »Wie steht mir das neue Kleid?«, auch wenn euch allerspritzigste Bewertungen wie »Wurstpelle« und »Kartoffelsack« auf der Zunge herumspringen. Ein schöner Abend (im Weinrestaurant) wird euer Lohn sein.

Pseudokatholische Alkoholfaster aller Länder, kommt nicht zu meinem Geburtstag, um euch für lau bei mir zu entgiften! Schenkt mir keine Bücher und CDs, in denen sich nur immer wieder eure ignorante Unkenntnis meiner Interessen und Vorlieben dokumentiert, schenkt mir lieber ein Stückchen eurer Leber! Trinkt mit mir auf die Gnade meiner Geburt! Solltet ihr darum drei Wochen eher sterben, als biologisch ausreizbar gewesen wäre, dann lasst euch sagen: In den letzten drei Wochen passiert meistens eh nicht mehr viel.

ZORNFAUCHEND

»Und ich stelle die Waage jeden verdammten Morgen vom Badläufer wieder auf die Fliesen, weil sie sonst kein richtiges Ergebnis anzeigt«, sagte Vater Dinkelkeks, wobei er jedes Wort so ausartikulierte, als trainiere er für die Weltmeisterschaft im Silbenbetonen, mehr noch, als formuliere er diesen Satz gar nicht für seine Frau, sondern für opernglasbewaffnete Lippenleser am Fenster im Haus gegenüber. Es klang nach exakt jenem kleinlichen Gestreite, mit dem sich kluge Paare vor zu niedrigem Blutdruck und intellektuellem Verfall bewahren.

Die Stunde war wohl günstig. Denn eigentlich waren wir ja gekommen, um, von ausreichend Rotwein sediert, exakt 831 Urlaubsfotos der Dinkelkeksens an uns vorbeiziehen zu lassen. Wir lauschten den üblichen Blindenführer-Kommentaren: »Das ist am Strand!«, »Das sind wir!«, »Das ist irgend so ein berühmtes Haus, aber frag mich jetzt nicht, welches!«, »Das ist eine Pflanze, die da gerade geblüht hat!«. Doch nun brach anlässlich eines unschuldigen Hotelbadezimmer-Fotos ein offenbar schon lange quälender, schwelender »Darf eine Waage im Bad auf einem weichen Untergrund stehen?«-Streit aus.

Wir erwachten interessiert aus dem Bilderkoma. Mutter Dinkelkeks zuckte mit den Schultern. »Das kann ich doch nicht wissen!«

Was für Langzeitbeziehungs-Unerfahrene wie eine Entschuldigung klingt, brachte Vater Dinkelkeks erst richtig auf die Palme. Im Wohnzimmer begann es zu gendern. Er fuchtelte mit der Fernbedienung herüber. »Ja, weil du immer denkst, dass Männer sich nichts denken!« Ich rutschte in einer solidarischen Geste ein bisschen zu Vater Dinkelkeks hinüber. Denn: Er hatte recht! Frauen können männliche Ordnungssysteme nicht von zufälligen Anordnungen unterscheiden. Keine noch so Krimi-erfahrene Frau betritt ein von einem Mann hinterlassenes Zimmer mit dem Gedanken: »Es muss hier eine Ordnung geben! Ich kann sie nur noch nicht erkennen!«

Für Frauen sind Männer große behaarte Babys mit unreifen Gehirnen, die wahllos nach Gegenständen greifen, eine Weile damit herumtrotteln, sie vermutlich sogar besabbern und einspeicheln, um sie sofort wieder fallen zu lassen, sobald sie einen neuen Gegenstand sehen. Es herrscht die Auffassung, Männer würden nur abstellen, während Frauen hinstellen und aufstellen.

»Kann alles sein«, sagte Mutter Dinkelkeks denn auch, »aber du musst zugeben, wenn die Waage auf der Matte steht, sieht es ordentlicher aus!« Vater Dinkelkeks stoppte ein Urlaubsbuffet-Foto. »Das meine ich. Männliche Ordnung ist sinnvoll und zweckmäßig. Die Ordnung der Frauen ist fade Rechtwinkligkeit, bloße Geometrie!«

Mutter Dinkelkeks pumpte sich in zwei Atemzügen auf. Meine Frau zog die Weingläser in einen unzugänglicheren

Teil des Couchtisches. »Das ist Sexismus!«, empörte sich die Dinkelkeksin. Vater Dinkelkeks rümpfte arrogant die Nase und meinte, der Sexismus-Vorwurf sei oft nur ein anderes Wort für einen Mangel an Schlagfertigkeit.

Erstaunt blickte ich auf den Vater Dinkelkeks und seine männliche Kühnheit und entdeckte, als sein Weib zornfauchend den Raum verließ, den Grund dafür. Sie hatten vor Kurzem Schiebetüren einbauen lassen. In Räumen mit Schiebetüren können Männer alles sagen. Schiebetüren kann man nicht knallen.

EHER SO MITTELHIPP

»Wie du weißt, geht unsere Tochter seit geraumer Zeit zum HipHop in den Tanzladen Springfrosch«, sagt meine Frau in der stumm geschalteten Werbepause, indem sie gütig darüber hinweggeht, dass ich es natürlich nicht weiß. Wie auch? Zwölfjährige Multitalente gehen ja mit ihren Umhängetaschen dauernd irgendwohin. »Am Sonntag macht der Tanzladen seine jährliche Mai-Tanzerei. Mit Kindervorführung. Ich habe uns schon mal zwei Karten gekauft.« Sie reicht mir eine Karte und den Flyer. Ich krümme mich unwohl auf dem Sofa. Kindervorführung!

Ich mag es eigentlich nicht so, wenn Kinder vorgeführt werden. Hinzu kommt: Der Tanzladen wirbt mit dem Motto »Jeder kann tanzen!« Es scheint sich hier also um eine Einrichtung zu handeln, die mir nicht unbedingt dem Exzellenzgedanken und der gnadenlosen Auslese verpflichtet scheint. Ich murre. Das könnten genau die zwei Stunden werden, die mir am Ende meines Lebens fehlen.

»Ich glaube, das ist für deine Tochter sehr wichtig!«, beschließt mein Weib diese nur scheinbar ergebnisoffene Zustimmungsformalie. Nach allgemeiner Auffassung können Kinder, deren Väter nie zu ihren Veranstaltungen kamen, später nicht glücklich werden. Ein «Nur Vatis Stuhl war immer leer!«-Trauma – das will ich natürlich nicht. Dafür bin ich sogar bereit, mich an einem Sonntagnachmittag im Kulturhaus unter aufgeregt raschelnde Elterntiere zu mischen.

Es stellt sich heraus, dass der Tanzladen neben einem nur so eben gerade mittel-hippen Kinder-HipHop vor allem eine Erwachsenen-Sparte unterhält, aber es ist zu spät zu fliehen. Zwei Stunden lang erlebe ich unbelehrbare Grobmotoriker mittleren Alters auf der Bühne, die sich im Schutze des zeitgenössischen Ausdruckstanzes alle erdenklichen Freiheiten erlauben. Inhaber leptosomer Körperkästen, die zum Thema »Ein Tag am Meer« ungelenk hin und her wehen. Altersgerecht verbreiterte Frauenzimmer, die im Tutu ganz unironisch klassische Ballettposen in eine Art Arthroseprophylaxe umturnen, um mir einen lange gehegten Albtraum zu erfüllen.

Meine Frau sitzt aufrecht und gefasst, während sie aus dem Augenwinkel beobachtet, wie ihr Mann zu hospitalisieren anfängt. In meinem Kopf rennen Bonmots gegen die Langeweile an. Irgendwann kann ich sie nicht mehr halten. »Freude an Bewegung erzeugt nicht zwingend Freude am Zuschauen«, flüstere ich meiner Frau zu. Dann lauter: »Neigung ist nicht gleich Eignung, auch wenn dieselben Buchstaben drin vorkommen.« Und schließlich: »Ist wahrscheinlich eine Mutprobe!«

Hinter uns zischen jetzt andere, mein endloses Gequatsche würde die Tänzer aus dem Konzept bringen. Ich bezweifle fast schon in Saal-Lautstärke die Existenz von Tänzern und so was wie ein Konzept in dieser Veranstaltung. Ein Handgemenge wird gerade noch rechtzeitig von den jeweiligen Ehefrauen unterdrückt. Und am Ende muss mir meine Frau am kleinen Stand am Ausgang, wo man erwartungsgemäß einen Mitschnitt auf DVD erwerben kann, sogar den Mund zuhalten, bevor ich »Vernichten Sie alle Beweise«! rufen kann. Auf dem Hof steht die Trollprinzessin, die mich nicht fragt, wie ich es fand.

»Was hat Sie an Ihrem Vater am meisten gestört?«, wird der Psychotherapeut später die Trollprinzessin fragen. Und sie wird antworten: »Dass er immer zu allen meinen Veranstaltungen gekommen ist.«

IM TREIBER-GELÄNDE

Eigentlich bin ich zu jung für diesen Satz, aber es muss heraus: Das waren noch Zeiten, als man seine Schwiegereltern besuchte und einen schon im Flur der friedliche Duft eines gedeckten Kaffeetisches begrüßte. Heute begrüßt einen die Schwiegermutter mit einem herzlich geflüsterten: »Aber du hilfst mir doch nachher noch mal bei der Einrichtung des neuen WLAN?« Damit nicht genug: Schwiegervater hat seine Daten verlegt.

Wenn Schwiegervater seine Brille verlegte, gab es dank übersichtlicher Tagesroutinen etwa drei, maximal vier Stellen, wo sie sein könnte. Aber bei Daten? Wo mag er sie nur hingeklickt haben? Schwiegervaters Hand ist groß und stark. Er kann damit angedrillte Welse an Land schmeißen. Aber damit eine schmale Computermaus bedienen? Eine, die schon klickt, wenn man sie streng anguckt? Schwiegervaters Eingabegerät sollte ein Holzkasten sein, derb wie ein Stiefelknecht, mit Rollschuhrollen unten dran und mit einer Matratzenfeder innen drin. Dann würde er sich nicht mehr verklicken.

Wir teilen uns auf. Meine Frau, der größeren psychologischen Einfühlung halber, steigt mit Schwiegervater durchs Haus. Ich darf neben Schwiegermutti am Küchentisch Platz nehmen. »Geht ganz schnell«, versichert Schwiegermutter,

»ich habe doch jetzt dieses Windows acht. Und du kennst dich doch mit so was aus …« Was sie nicht weiß: Ich kenne absolut niemanden, der sich mit Windows 8 auskennt. Funktionsfähiges Windows 8 kenne ich nur als Fernsehwerbung. Aber derlei Ausreden kann ich mir nicht leisten. Sonst bekommt meine Frau nachher wieder diesen »Ach, hättest du doch nur den Gernot genommen! Der hätte sich bestimmt ausgekannt«-Blick zugeworfen.

Um es gleich zu sagen: Ich habe nichts gegen alte Menschen an neuen Computern. Im Gegenteil. Im Allgemeinen sind Ost-Rentner für die Einrichtungsroutinen eines neuen Computers besser geeignet als sonst jemand. Wer früher Spargel gegen Vorschalldämpferkrümmer und Vorschalldämpferkrümmer gegen Fliesen getauscht hat und äußerst verschlossene Handwerkerkalender mit einem Pfund Räucheraal zum Aufklappen bringen konnte, der kann auch den kafkaesken Anweisungen eines Einrichtungsassistenten folgen.

Aber diesmal haben wir mit allem gehorsamen Untermenü-Aufklappen und den stupide wiederholten Freigabenaktivierungsaktualisierungen kein Glück. Stattdessen eine Fehlermeldung. Irgendwas mit Treibern. Schwiegermutter kennt Treiber nur aus dem örtlichen Jagdverein. Ich suche Rat im Tascheninternet meines Handys. Wir sollen das Entpacken des Treibers manuell erzwingen, steht da. Schwiegermutter fühlt sich nicht mehr in dem Alter, wo sie etwas manuell erzwingen würde. Ja früher … Ich bin am Ende mit meinem Latein. Aber wozu hat sie vier Enkel? Die loggen sich doch sogar in Netze ein, wo gar keine sind. Sollen die mal was tun für die ganzen zugesteckten Scheine!

Meine Frau kommt mit ihrem glücklichen Vater herunter. Alle Angelfotos sind wieder da. »Er ist nur ein paar Mal zu viel auf die rechte Maustaste gekommen, hatte versehentlich sein Passwort geändert und die Kindersicherung eingeschaltet«, flüstert sie.

Alles kein Problem. Datenpflegestufe eins.

JETZT GEHT ER

Nun wird er also ausgewildert. Ich muss meinen Sohn in ein fremdes WLAN ziehen lassen. Mein Herz ist schwer. Natürlich ist er noch nicht so weit. Noch ist er pampig und schlampig. Aber so übergibt man wohl sein Kind der Welt. Als Rohprodukt. Hier können wir nichts mehr für ihn tun. Er würde nur degenerieren. Wenn er hier bliebe, würde er womöglich anfangen, seine Eltern zu verstehen. So was gehört sich nicht. In einem gesunden Leben sollte man seine Eltern erst verstehen, wenn es fast schon zu spät ist.

Haben wir ihm denn schon alles beigebracht? Selbstverständlich. Unaufhörlich sind Ratschläge auf ihn niedergeprasselt. Er müsste 150 Jahre alt werden, um alle Ratschläge auch nur einmal zu befolgen. Aber es hat ihn nicht interessiert. Eigentlich auch logisch. Seinen Eltern zuzuhören ist wie in einem Ratgeber von 1960 zu lesen. Hätte ich das dräuende »Jenseits der Festanstellung lauert der Tod«-Gemunkel meiner Eltern ernst genommen, wäre ich jetzt schon das dritte Mal arbeitslos und würde gerade zum Nagellackierer heruntergeschult. Also, das macht er schon mal richtig.

Aber er muss jetzt lernen, sich von alleine artgerecht zu ernähren. Wird er herausfinden, dass Eistee und Pizza genau die beiden Lebensmittel sind, die der Körper nicht braucht?

Und: Er muss jetzt lernen, ein paarungsbereites Weibchen zu finden. (Aber es darf auch nicht zu paarungsbereit sein. Grundsätzlich gilt: Je paarungsbereiter ein Weibchen, umso schlechter kann es rechnen. »Heute kann nix passieren!« ist eigentlich nur die Übersetzung von »Schau dir schon mal die Düsseldorfer Tabelle an!«.) Wird er begreifen, dass ein Stinkefinger manchmal nur heißt: »Bist du wahnsinnig, mich vor meinen Freundinnen anzusprechen?« Wird er überhaupt das Spröde so schätzen wie sein Vater? Wo es doch allemal besser ist, eine unterkühlte Frau beim Auftauen zu erleben als eine heiße beim Erkalten.

Wird er Feinde haben? Denk schon. Er hat ja diesen Hang, selbst allerversunkenste Buddhisten zur Raserei zu bringen. Einfach durch seine kindlich erfrischende Art, anlasslos und ungefragt seine Meinung kundzutun, dass Meditieren übelst schwer sei und man müsse sich da ja sehr konzentrieren und am wichtigsten sei, sich nicht ablenken zu lassen, und er habe mal einen Manga gelesen, wo auch einer meditiert habe.

Aber eigentlich beneide ich meinen Sohn. Er hat noch so viel Zeit. Um so vor sich hin zu fühlen. Unsereiner muss sich ja für Gefühle einen extra Termin im Kalender freihalten. Er hat noch so viele erste Male vor sich. Und Herzklopfen. Von der guten Sorte. Nicht das, wo man schnappatmend nach dem Betablocker grabbeln muss. Wie schön für ihn: Noch mal ein volles Jahr einer verlorenen Liebe hinterhertrauern. Schlechte Gedichte schreiben dürfen. Schwermütige Spaziergänge durch heitere Parks machen. Losheulen, sobald sie »unser

Lied« spielen. Ans Radio schreiben, dass sie bitte nicht mehr »unser Lied« spielen sollen. Noch mal Termine verschwitzen, noch mal Mahnungen vertrödeln, noch mal die Nerven haben für eine knackige Kontopfändung vom Finanzamt am Freitag vorm Urlaub.

Wenn er Glück hat, wird er mit Ende vierzig endlich erwachsen sein. Ungefähr dann, wenn sein Sohn das Haus verlässt.

HÄKELEKEL

Ich saß auf dem abendlichen Sofa und unterrichtete meine Frau in gewohnter Manier über meine kontroverse, gleichwohl maßgebliche Meinung zu allen möglichen Gegenständen der Weltpolitik. Ganz Universalexperte und Weltweiser erklärte ich die Energiewende zum Raubzug der süddeutschen Bourgeoisie, die unterm Vorwand der Klimarettung vor allem sieben Prozent staatlich gesicherter Rendite sucht, wechselte dann zur Datensammelwut der NSA, die ich als pussyhaft, unmännlich und feige deklassierte, aufs Ganze betrachtet eine Form des Stalkings, die alle Daten, die man so täglich fallen lässt, heimlich hinter einem aufsammelt und hortet, im Extremfall sogar so was wie elektronische Mülltonnenwühlerei sittlich verwahrloster Geheimdienststrolche, um gleich danach auf den grassierenden Veganismus zu sprechen zu kommen, und dies vor allem in Bezug auf bestimmte Sexualpraktiken, da ja Sperma keineswegs pflanzlichen Ursprungs ...

Da holte meine Frau plötzlich Häkelzeug hervor und begann zu häkeln. Anders als die von mir angesprochenen Veganer musste ich dann doch schlucken. Wollte sie denn nichts mehr lernen? Offenbar war meine Frau von meinem Monolog angehäkelt und gab sich diesem Gefühl nun auch noch hin.

Als wäre das nicht schon schlimm genug, legte sie ein Buch namens »Tausend tolle Häkelideen« auf den Couchtisch.

Gewiss: Häkeln beruhigt. Aber je mehr meine Frau häkelt, umso unruhiger werde ich. Ich mag es wohl, wenn meine Frau näht, strickt oder häkelt. Ich mag es – als reine Fähigkeit. Ich bewundere es, wenn sie verzwickte hexagonale Sternmuster häkelt, die Schneeflocken in nichts nachstehen. Aber anders als Schneeflocken schmelzen ja reizende Häkelsächelchen nicht nach ein paar Sekunden der Bewunderung. Nein, sie liegen reizend-aufreizend herum und wollen zu Kissenbezügen und Tagesdecken vernäht werden. Wer aber schon einmal auf einem gehäkelten Kissenbezug in einen Tiefschlaf hineingeschnorchelt ist, weiß, was für noch in Stunden zu bewundernde Maori-Muster einem das in die schlaffe Wange stempelt.

Und über Tagesdecken brauchen wir gar nicht zu reden: Eine Tagesdecke auf dem Ehebett heißt: Ruhe in Frieden! Vorbei die Zeit, als von heftiger Zuneigung aufgewühlte Betten ebenso aufgewühlte Menschen entließen. Als Gefühl und Gewühl noch eins waren. Als man sich noch rekelte und nicht häkelte.

Schließlich: Wenn im Heim alles Behäkelbare behäkelt wurde, kommt es unvermeidlich zu Geschenk-Häkeleien. Wer wollte keinen gehäkelten Teekannen-Untersetzer? Antwort: Alle wollen keinen gehäkelten Teekannen-Untersetzer! Und deswegen werden Häkelsachen-Schenker irgendwann nicht mehr zu Geburtstagen eingeladen, weil man nie sicher sein kann, ob sie einem nicht doch einen Hausschuh-Aufbe-wahrer-in-Form-eines-großen-Hausschuhs gehäkelt haben, den man dann aufhängen muss. Und weil Häkel-Muttis nicht mehr eingeladen werden, haben sie noch mehr Zeit zum Häkeln. Und für den Fall, dass sie Gott sei Dank endlich keine Häkelideen mehr haben, gibt es ja dann noch »Tausend tolle Häkelideen«.

Da saß ich nun und meine Frau war auf Klo und die Katze starrte gebannt auf das Häkelzeug, als wolle sie die Wolle ...
»Fass, Minka!«, flüsterte ich.

DURCHSCHAUT

Als ich zehn Jahre alt war, entdeckte ich bei einer Routine-
durchstöberung der ganzen Wohnung im Nachtschrank
meines Vaters die Broschüre »Mein Kind kann sich nicht konzentrieren«. Intuitiv erfasste ich, dass es sich dabei um eine
mich betreffende Problemstellung handeln müsse (meine »Ich
schreibe am Nachmittag gerne alles noch mal in Schönschrift
ab, damit das Auswendiglernen mehr Freude macht«-Schwes-
tern konnten unmöglich gemeint sein). Also setzte ich mich
in den Schneidersitz vors Elternbett, um mich über meine
Störung zu informieren.

Nachdem ich die gerade mal 80 Seiten, ohne einmal auf-
zusehen, durchgearbeitet hatte, wusste ich, dass der Titel
der Schrift irreführend war. Er hätte heißen müssen: »Mein
Kind kann sich nicht auf Dinge konzentrieren, die ihm nicht
wichtig sind.« Und dass meine Eltern und ich stets den selben
Wissensstand hatten, war mir sehr wichtig. Wir waren ja auch
deswegen eine glückliche Familie, weil ich meine Eltern in
dem Glauben ließ, sie würden mich durchschauen, aber nicht
ich sie. Was ich damals nicht wusste, war, dass sich diese Ei-
gentümlichkeit vererben würde.

»Hör mir mal zu«, sagte die Trollprinzessin an diesem Morgen und kippte einen dritten, eigentlich nicht mehr erlaubten

Löffel Kakaopulver in die Milch, »und zwar hör mir mal richtig zu! Nicht wie sonst! Nicht wie so 'n Papa!«

Ich stutzte, denn ich hatte bis zu diesem Punkt angenommen, dass sich die Trollprinzessin dank meiner stimmlich und mimisch hochwertigen »Soso!«-»Na, das ist ja schön!«-»Aha!«-»Sieh mal einer an!«-Posen immer allerwärmst angehört fühlte. Schließlich habe ich Journalistik studiert, und da ist So-lange-interessiert-gucken-bis-der-Gesprächspartner-was-Wichtiges-sagt ein eigener Ausbildungszweig. Ich kann Einkaufszettel zusammenstellen und Umsatzsteuern ausrechnen, während ich bis zur Fassungslosigkeit begeistert irgendwelchen Interviewpartnern zuhöre.

Wenn die Trollprinzessin eines der wichtigsten elterlichen Bindungsmittel, das berühmte »immer offene Ohr«, als immer offenes Schein-Ohr enttarnt hatte, konnte das nur bedeuten, dass sie genauso wie ihr Vater schon immer nur zu zwei Dritteln Kind war. Das fehlende Drittel war ein Psychologieprofessor in kurzen Hosen.

Hinweise darauf gab es genug. Die Trollprinzessin konnte klassische Kleinkinder-Wutanfälle mit Sätzen kombinieren wie »Ich gehe erst ins Bett, wenn ihr keine Argumente mehr habt!«. Auf die Aufforderung ihrer Mutter, sie solle mal einen Blumenstrauß aus dem nun wirklich nahe liegenden Blumenladen abholen, erklärte die Trollprinzessin: »Dazu bin ich noch nicht selbstbewusst genug.«

Egal, die Trollpubertistin hatte mich durchschaut. Wir mussten uns ehrlich machen. Ich wollte schon sagen, okay, ich schenke dir meine Aufmerksamkeit, aber nur, wenn du das nicht ausnutzt. (Ihr Bruder hatte schließlich die unschöne Angewohnheit, einfach in die Küche zu kommen und unseren Partygästen ungefragt den kompletten Spielverlauf von «Assassin's Creed 4« darzulegen, auch wenn diese nach einer Stunde mit selbst gemalten Tafeln um Themenwechsel baten oder sich in Narkolepsie flüchteten.) Aber dann hatte ich noch eine bessere Idee.

»Ich höre dir nur wirklich zu, wenn du mir sagst, was du noch alles bei mir durchschaut hast.« Die Trollprinzessin schüttelte den Kopf. »Das geht nicht, Papa. Ich möchte schließlich, dass du die letzten Jahre meiner Kindheit noch richtig genießen kannst.«

GRÜSS ODER STIRB!

In dem Fitnessstudio, in dem ich meine oft bewunderte Figur stähle, gibt es viele Senioren. Die meisten sind freundliche ältere Herren mit einer Haut wie aus Krepp. Sie kramen bedächtig in ihren Taschen und werden dabei von großen weißen Feinrippunterhosen umweht, weil stramme Hodenkleider bekanntlich nur was für Trapezkünstler sind. Sie reden feinstes Sächsisch und memorieren großartige Lebensweisheiten wie »Gehe nicht zu deinem Fürst, wenn du nicht gerufen würst.« Ich mag sie. Sie sind mir lieber als die jungen Gecken, die sich nach der Dusche so aufwendig mit Körpermilch einschmieren, als wäre der korrekte pH-Wert der Oberschenkelhaut das Einzige, was die Disco-Schnitten ans Gerät bringt.

Aber eines Tages kam ich morgens in die Umkleidekabine, wo einzig ein alter Mann mit großen gelben Zehennägeln mürrisch die Öffnung seiner Socken suchte. Ich bemerkte ihn erst gar nicht, weil ich auf die Nummer meines Spindschlüssels spähte. Doch plötzlich schnarrte der Mann laut und mit schneidender Stimme »Guten Taaaaag!« in meinen Rücken. Ich zuckte zusammen. Oha, ein Grußdeutscher! Ein Hassgrüßer! Lange nicht gehört.

Der deutsche Hassgruß, der immer so klang, als wenn er nie etwas anderes wollte, als seit fünf Uhr fünfundvierzig zurückzugrüßen, war früher ein gewohnter Schall in den Ohren junger Brauseköpfe, von denen ich unzweifelhaft einer war. Wo immer ich in pubertärem Schluff hineinlatschte, in Gedanken bei Kathrins Pullover oder sonstwo, blafften mich selbst ernannte Grußvollstrecker mit »Können'se nicht grüßen?« oder »Das heißt ›Guten Morgen‹« in Schockstarre. Denn: Der Hassgrüßer grüßt nie zuerst. Er lauert bei jedem Hereinkommenden, ob er ihm den Tag gutwünscht, zählt mit leise klappernder Gebissprothese die Sekunden noch möglichen Gegrüßtwerdens, berechnet mit jedem seiner rasselnden Atemzüge die schwindende Grußwahrscheinlichkeit und bellt schließlich, wenn die Grußverweigerung ganz und gar offenbar geworden ist: «Guten Taaaaag!!!« Und eigentlich möchte er dem Grußverweigerer an die Gurgel springen und ihn würgen, bis er ihm röchelnd den Tag segnet.

Ich habe das nie verstanden. Was das ist in dem Hassgrüßer, dass er nicht ein einziges Mal ungegrüßt bleiben kann? Zweifelt er ungegrüßt an seiner Existenz? Hegt er den Wahn, dass hinter jeder tranigen Grußlosigkeit finsterste Absicht steckt? Sieht er sich als Feldjäger der Allgemeinen Grußpflicht, der verhindern muss, dass Drückeberger wie ich damit »durchkommen«? Klar ist doch nur, dass nach so einem gestiefelten »Guten Taaaag!« kein Tag mehr gut ist. Es gibt nichts mehr zu grüßen.

Ich öffnete meinen Spind, stellte die Tasche ab und hängte meine Jacke rein. Dann ging ich zurück zu dem Alten, der sich in seine Socken schnaufte. »Ich kannte mal einen Mann wie Sie«, erkärte ich, «er war mein Sportlehrer. Der hat mich auch mal deswegen so angeblafft. Beim Sportfest habe ich mich schließlich mit dem Megaphon an ihn rangeschlichen und habe ihm aus anderthalb Meter Entfernung »Guten Tag!« gewünscht. Und jetzt frage ich Sie: »Wollen Sie das? Oder anders: Sind Sie dafür noch gesund genug?«

HÄNSEL UND GRETEL GEHEN JETZT MAL IN DEN WALD, BITTE!

»Ich hab euch gehört«, sagt die Trollprinzessin am Frühstückstisch und rümpft die Nase. Meine Frau sieht mich schmallippig mit einem »Das kommt davon, wenn man in den Ferien aus lauter Geiz ein Zimmer mit Aufbettung bucht!«-Blick an. Ich hingegen kann es nicht glauben. Es war der leiseste Geschlechtsakt aller Zeiten. Quasi Stummfilm! Mit offenem Mund und Zirkularatmung!

Ich zücke mein Smartphone, wähle die App mit dem Dezibelmeter und hechele probeweise zehn Sekunden hinein. »Unmöglich«, sage ich, »das konnten nicht mal Fledermäuse hören!« Meine Tochter hält sich die Ohren zu und schreit: «Igitt! Es war also wirklich so!«

Nach Maßgabe von Pubertistinnen hat sich ja die Zuneigung ihrer Eltern nur noch in Schulterklopfen und Händeschütteln auszudrücken. Meine einfühlsame Frau bedeutet mir denn auch am selben Abend, dass nach dem Urlaub auch noch Nächte kommen. Ich bin aber nicht um die halbe Welt geflogen, um mich zu enthalten! Drei Tage halte ich es aus. Dann gehe ich zu zwei Jungs mit Stirnhaarwirbeln, die sich unter irgendeinem Sonnenschirm über ihren Nintendos die Augen trocken zocken, und verspreche ihnen zehn Euro, wenn sie das liebliche blonde Frollein da drüben am Pool zum

Beach-Volleyball überredet bekommen. Aber ich habe mir meine Hände noch nicht mal freudig zu Ende gerieben, als die Trollprinzessin angestampft kommt.

»Was war denn das eben? Kannst du das nicht einmal so einrichten, dass ich nicht mitkriege, was ihr vorhabt.« Mein Frollein wedelt ungewohnt tussihaft mit den Händen in Richtung Himmel herum. »O nein, bitte, lass kein Bild entstehen.« Leider waren die Jungs auf die blöde Idee verfallen, der auf ihrer Liege in den »Warrior Cats« schmökernden und deshalb dem Ballspiel abgeneigten Trollprinzessin die Hälfte der zehn Euro anzubieten, wenn sie mitkäme.

Möglicherweise müssen wir Grimms Märchen im Lichte des pubertätsinduzierten Beiwohnungsnotstandes neu bewerten. Es sind doch Geschichten von mehr oder weniger geschickten Verschickungen. Hänsel und Gretel werden im Wald zurückgelassen und sollen nicht zurückfinden. Rotkäppchen wird mit schwerem Gepäck zur Oma geschickt. Bei Schneewittchen soll sogar ein mitgesandter Forstbeamter verhindern, dass sie gleich wieder vor der Tür steht. Wenn wir die wahrscheinlich vorgeschobenen Motive (»zwei Esser weniger / Altenpflege / erledigte Schönheitskonkurrenz«) rauskürzen, würde ich mal sagen: Da ist ein klarer Vektor weg vom ehelichen Schlafzimmer. Generationen von Eltern haben ihren Kindern vorgelesen, was alles Tolles passieren kann, wenn man seine Eltern mal für eine Weile hinter sich lässt.

So aber wackelt schließlich in der Lagune vor Mauritius ein einsames Tretboot am Riff. Und meine Frau meint: »Jetzt müssten wir weit genug weg sein.« Dann kommt sie zu mir rübergeklettert und sagt: »Du musst aber dabei weitertrampeln.« Hinterm Riff kreisen die Haie. So lieben Väter im Urlaub.

MEIN EIFON

Männer, die auf Bildschirme starren. Ich bin einer von ihnen.

Meine Frau und ich sitzen beim Abendbrot. Ich starre auf mein Eifon. Meine Frau sagt, sie war beim Friseur. Ich sage ihr, sie soll mir ein Bild schicken. Ich muss auf mein Eifon starren. Meine Frau fragt mich lieber, wie mein Tag war. Ich murre. Langsam. In Absätzen.

»Ich war ... heute ... wieder ... ein...«

»Einkaufen!«, rät meine Frau.

»Nein«, sage ich, »ich war heute wieder einmal ... d...«

»Depressiv!«, unterbricht sie.

»Ich war heute«, setze ich noch einmal an, »wieder einmal drauf und dran, mein Ei...«

»Einverständnis zu erklären«, weiß mein Weib.

»Herrgott«, fluche ich, »ich war heute wieder einmal drauf und dran, mein Eifon an die Wand zu schmeißen, weil es mich beim SMS-Tippen immer wieder mit schwachsinnigen Vorschlägen korrigiert hat.«

»Ach das«, meint meine Frau beschämt.

Mein Problem ist folgendes: Ich telefoniere nicht gerne. Telefonieren ist mir zu redundant. Es bestehen Höflichkeitszwänge. Schon der Anfang. Dauernd muss man sagen »Hallo! Ich bin's! Mmh? Na, ich! Hast du mal fünf Minuten? Wirklich nur fünf Minuten. Sag, wenn es ungelegen ist! Du hörst dich so gestresst an! Störe ich dich wirklich nicht? Wer lacht da im Hintergrund? Ich kann auch später anrufen! Nein? Gut, ich fasse mich kurz. Bei dir ist alles wohlauf? Und die Kinder? Alle gesund? Ja, mir geht es auch gut. Also, es geht um die Sache, die ich dir letztens schon mal angedeutet habe ...« Wir brauchen die Wörter nicht im Einzelnen nachzählen. Es sind in jedem Fall zu viele. Fügen wir dann noch eine halbwegs verbindliche Verabschiedung hinzu, kommen wir auf mindestens eine Minute sachfremden Sozialgeschmuses, an dem sich das kapitalistische Fernmeldewesen dumm und dämlich verdient.

Echtzeitkommunikation wird insgesamt überschätzt. Es mag Ausnahmen geben wie den Telefonsex. Aus nachvollziehbaren Gründen funktionierte Fernsex im Zeitalter der reitenden Boten noch nicht so richtig, weil ein Herold, der morgens im königlichen Schlafzimmer ein Pergament aufrollt und verkündet: »Eine Botschaft aus Bad Ems, mein König! Die Königin erlaubt sich kundzutun, dass sie unten rum erregt ist, und erwartet Ihro Gnaden Antwort!« kaum dazu taugt, sich so richtig »aufzuschaukeln«, wie Orgasmusfachleute das nennen.

Aber ansonsten: Wie viel Leid hat spontanes Antworten schon verursacht. Das meiste, was Menschen zu besprechen haben, gewinnt durch Abwarten, Nachdenken und wohlüberlegtes Formulieren. Deswegen simse ich. Gerne auch mit Abkürzungen.

Aber diese schöne ökonomische Angewohnheit treibt mich leider auch immer wieder zur Verzweiflung, seit es automatische Korrekturprogramme gibt. Denn ich bin unter anderem jemand, der gerne mal Verbalinjurien an geeignete Adressaten verschickt. Besser gesagt: verschicken möchte. Aber das Korrekturprogramm reinigt mich mit lauter irreführenden Begriffen in den Wahnsinn.

Vermutlich wurde das automatische SMS-Text-Korrekturprogramm meines Eifons von alten amerikanischen Jungfern programmiert. Vermutlich hießen sie Eleanore und Genevieve und trugen Nickelbrillen an kleinen Ketten auf den gerümpften Nasen. »Eleanore, mein Liebes, hättest du wohl einen Vorschlag, was ich als Korrekturangebot für das scheußliche Wort ›Motherfucker‹ programmieren soll?«, hat die aufs Äußerste unverheiratet gebliebene Genevieve gefragt, und »Ja doch, nimm ›Mitgefühl‹, ich würde entschieden für das Wort ›Mitgefühl‹ plädieren, es ist ein durch und durch christliches Wort, Genevieve!« hat Eleanore geantwortet.

So kam es, dass ich eine wütende SMS an meinen nervigen Chef vom Dienst schickte, die da lautete: »Lex mich, verdammter Mitgefühl! Du bist eine blöde Foto!« Mit der Folge, dass sich der eigentlich Herabzuwürdigende nicht nur nicht ausreichend beschimpft fühlte, sondern stattdessen auch mit anderen Kollegen darüber zu sprechen begann, dass ich nervlich angegriffen, womöglich nicht die Konstitution für meine derzeitige Stellung hätte und eine Versetzung ins Archiv Abhilfe und Linderung verspräche.

Natürlich hätte ich auch im Hochgefühl der Raserei die vorgeschlagene Korrektur mit einer Fingerspitze abwählen und mich weiter am Tippen des Wortes »Motherfucker« versuchen können, aber Wut und Sorgfalt wohnen an zwei verschiedenen Ufern des reißenden Stroms, den wir Leben nennen.

Wir müssen jedoch nicht in die schwindelnden Abgründe malediktologischer Textproduktion schauen, um zu erkennen, dass es eines Menschen unwürdig ist, von tölpelhaften Geräten verbessert und entfehlert zu werden. Ich zum Beispiel bin ja nicht nur ein Mensch mit einer gewissen emotionalen Spannbreite, sondern auch ein bedeutender Künstler. Manchmal ersinne ich neue Wörter wie gerade heute im Ausrauchen meiner Wut das Wort »gescheitelte Existenz«, mit der ich meinen Chef vom Dienst demnächst öffentlich zu bezeichnen gedenke. Es ist ein schönes Wort, das komfortabel, weil unjustitiabel beleidigt. Solche Worte kann man nie genug parat haben.

Entzückt zückte ich mein Eifon, um es in mein Notizprogramm einzugeben, weil das schnell und cool geht. Echte Notizbücher, vor allem die prahlerischen Moleskineheftchen, sind mir ein Gräuel. Die Dinger funktionieren wie ein Eignungstest. Wer solche Nostalgie-industriellen Moleskinebüchlein in Bahnhofsbuchhandelskettenfilialen kauft, hat per definitionem keine originellen Gedanken, die es aufzuschreiben lohnt, und kann sich das Geld sparen. Stattdessen sollte er besser eine Schachtel »Merci« kaufen, um damit seiner sicher genauso unoriginellen Freundin eine passend unoriginelle Freude zu bereiten.

Und was machte mein Eifon nun? Es nahm das Wort einfach so hin. Zweifel fielen über mich her. Wenn mein dümmlich-gouvernantenhaftes Eifon dieses Bonmot anstandslos akzeptierte, war es wahrscheinlich doch nicht soooo originell. Warum ist im Zeitalter von Spracherkennung und Schmier- und Reagierbildschirm die Software nicht auch imstande, ein Wort als einzigartig zu kennzeichnen? Das würde mir schon besser gefallen, als mir vor lauter unerbetener Schicklichkeit aus Ben Hur einen Ben Hut machen zu lassen. Kann das Programm nicht statt öder Verbesserungsvorschläge rückfragen: »Soll das eine Neuschöpfung sein? Bist du gerade kreativ?« oder »Wow! Das hat überhaupt noch nie einer geschrieben! Gratulation!«? Von mir aus könnte die Software auch »Neologismus? Sorry, zu spät. Haben (alphabetisch) Barth, Evers, Fuchs, Gsella, Klüpfl-Kober, Morgowski, Rath, Schmitt und sogar Uschmann schon verwendet« rufen. Man will ja wissen, wo man steht. So aber sehen wir uns gegenseitig an, mein Eifon und ich. Wie neu ist »gescheitelte Existenz«?

»Wer ist jetzt der Dümmere?«, lästert meine Frau.

»Keine Ahnung«, sage ich, »aber ich bin immer noch derjenige, der das Eifon an die Wand schmeißen kann. Und solange mein Eifon das nicht mit mir machen kann, ist alles in Ordnung. Verficht noch mal!«

»Wolltest du nicht ›Verfickt‹ sagen?«, staunt mein Weib.

Zu spät. Gegickst. Verdummter Schwanzlurch!

NIEDLICHE ENTRÜSTUNG

Eines Tages in diesem Sommer klingelte es an der Tür meiner Eltern. Als meine Mutter öffnete, stand der Oberbürgermeister davor. Allerdings in der etwas gefälligeren Gestalt seiner Beigeordneten. Der Oberbürgermeister in Vertretung trug ein Blumenkörbchen und ergriff ergriffen die Hand meiner Mutter. »Alles erdenklich Gute zur Diamantenen Hochzeit«, sagte die Beigeordnete mit jener Überdeutlichkeit, die man oft bei Leuten findet, die viel mit Senioren zu tun haben. Meine Mutter, die trotz ihrer verwehten achtzig weder schwer von Gehör noch schwer von Begriff ist, bedankte sich artig, sagte aber dann: »Na, die Blumen kommen aber 30 Jahre zu spät!«

Die Beigeordnete spähte verwirrt um die Ecke ins Zimmer, wo ihr mein Vater zwar mit aller gebotenen Altersschwäche, aber doch sichtbar unverstorben aus dem Pflegebett zuwinkte. »Wie auch immer«, überging die Beigeordnete ihre Verwirrung und richtete die Grüße des Oberbürgermeisters und überhaupt aller Menschen guten Willens aus.

Aber meine Mutter hatte recht. Warum gratuliert man Menschen, wenn sie sechzig Jahre verheiratet sind? Wo ist da die Leistung? Jeder weiß doch, dass die letzten 30 Jahre einer Ehe ein Klacks sind gegen die ersten 30 Jahre. Die ersten 30 Jahre haben es in sich. Da weht der Wind von vorn, da gibt der

Boden unter den Füßen nach. Bei Bergsteigern wird deswegen ja auch auf dem Gipfel gefeiert und nicht erst, wenn man wieder zu Hause vorm Kamin sitzt. In der Mitte ihres Ehelebens brauchen die Menschen Blumenkörbchen und Urkunden. Nicht am Ende.

Egal, die Beigeordnete, überzeugt davon, dass die Länge einer Ehe eine besondere Qualität verrate, legte ihre Hände entzückt ineinander und erkundigte sich bei Muttern: »Nun verraten Sie uns doch mal Ihr Geheimnis! Sechzig Ehejahre! Wie schafft man denn das?«

Anstatt mit gütigen Greisinnenaugen das Lob der Liebe anzustimmen, sagte Mutter nur: »Ach, man darf einfach nicht immer auf alles eingehen!«

Was wollte meine Mutter damit sagen? Wird nicht heutzutage Eheleuten gepredigt, sie mögen unentwegt einander zuhören, aufmerksam und achtsam zueinander sein? Bestand das Geheimnis meiner Eltern womöglich darin, dass sie sich ignorierten? Sicher nicht. Aber sie ignorierten alles, was ihr Bild von einem guten Partner störte. Meine Eltern schafften es zum Beispiel nicht, einander böse zu sein. Beinahe jeden Morgen suchte mein Vater den Schuhlöffel und polterte im Flur herum, dass »man ja hier nie was finde« und das wäre hier ja »eine ausgemachte Sauwirtschaft«, während meine Mutter mit nur sehr schwacher, ja geradezu niedlicher Entrüstung dagegenhielt, das stimme doch gar nicht und wie Vater nur so reden könne. Wer immer eine Eskalation erwartete, wurde enttäuscht. Denn Mutter war der Überzeugung, mein Vater würde es nicht so meinen. Sie war so sehr der Überzeugung, dass mein Vater am Ende selber dran glaubte, es nicht so gemeint zu haben. Das bewahrte sie vor Übelnahme und Gunstentzug.

»Ich möchte dich ernst nehmen können«, sagte meine Frau hingegen, als ich jüngst in einem (wahrscheinlich vom Vater geerbten) Tobsuchtsanfall durch die Abstellkammer rumpelte, um eine Luftpumpe zu suchen. »Um Himmels willen, tu es nicht!«, war alles, was ich dazu schrie …

HÜFTEN ERZÄHLEN GESCHICHTEN

Ich habe ein Drittel meiner Bücher weggeschmissen. Und es waren nicht nur zwei, damit das gleich geklärt ist. Es waren sogar welche mit Leineneinband. Zum Beispiel die Oden von Klopstock, dem wichtigen deutschen Vertreter der Empfindsamkeit. Das war nicht leicht. Einen ausgewiesenen Vertreter der Empfindsamkeit quetscht man nicht mal eben so in den Reißwolf. Man fühlt sich ja immer gleich wie Goebbels. Aber ich habe mich mit dem Gedanken gestärkt, dass die Wahrscheinlichkeit, dass ich die Oden von Klopstock jemals lesen werde, mittlerweile geringer ist als die Wahrscheinlichkeit, dass ich während des Öffnens eines Lottogewinns beim Sex mit der aktuellen Miss Universum von einem Blitz getroffen und gleichzeitig von einem Weißen Hai zerrissen werde. Aber es waren auch Bücher dabei, die ich noch nicht mal gelesen hatte. Bücher, die ich früher immer später hatte lesen wollen. Nur irgendwann wurde mir klar, dass es Schriftsteller gibt, die genau diese Art Bücher schreiben, die man immer nur später mal lesen will. Später, wenn es nichts Wichtigeres mehr zu tun gibt. Zum Beispiel im Wachkoma.

Kurz: Ich möchte nicht mehr lesen. Ich möchte mehr tanzen. Ich möchte mich gekonnt zu Musik bewegen. Ungekonnt habe ich mich schon lange zu Musik bewegt. Als ich ein junger Mann war, hieß Tanzen, dass man auf der Tanzfläche stand und mit den Armen um sich herumschlenkerte, und im besten Fall stand ein Mädchen vor einem herum, das auch so mit den Armen herumschlenkerte. Das ist okay, wenn man noch im schlenkernden Alter ist. Für einen Mann von Rhythmus und Präzision ist es unerträglich.

Und so hielt ich die Beziehung zu meiner Frau eines Tages irrigerweise für so gefestigt, dass ich auf die Idee verfiel, sie der existenziellen Erfahrung eines Tanzkurses auszusetzen. Ich will es einmal so formulieren: Seit ein amerikanischer Psychiater in den Sechzigern drei Männer, die alle behaupteten, Jesus Christus zu sein, im Ypsilanti State Hospital zusammensperrte, gab es keine größere Verwirrung mehr in einem geschlossenen Raum als meine Frau und mich beim Versuch, ein klassisches Tanzpaar zu werden. Wer einmal erleben musste, wie wir beide frustriert und wutentbrannt zusammen von der Tanzfläche stampfen wollten, nur um es uns nach ein paar Schritten wieder zu überlegen und entschlossen zurückzukehren, nach ein paar weiteren Schritten zu stolpern, sodass ich mein Weib gerade noch vorm Umfallen bewahren konnte, hielt es wahrscheinlich für Tango, aber das war es nicht.

Heute, nach zwei Jahren, weiß ich, dass ich unterhalb des Bauchnabels eigentlich ein Brasilianer bin. Ich gehöre in weitkremplige Sambahosen mit Troddeln unten dran und sollte zu »Love Is In The Air« die Copacabana herunter springteufeln, anstatt mir auf Podiumsdiskussionen absichtlich unleserliche Notizen zu machen.

Und anders als das Reden über kluge Bücher hat Tanzen den Vorteil, dass es die direktere Form der Unterhaltung ist. Beim Wein können ja die Damen alles Mögliche von sich behaupten, aber beim Walzer sieht es schon anders aus. Hüften erzählen einfach bessere Geschichten als Münder.

So ist das nämlich, lieber Klopstock.

VERMISSTENANZEIGE

»Die Flaschen müssen mal weggebracht werden«, sagt meine Frau in einer jener schonenden grammatischen Konstruktionen, in der es so klingt, als hätten die Flaschen ein Problem. »Und die Zeitungsablage ist voll«, führt sie weiter aus.

Schlimm für die Zeitungsablage.

»Außerdem muss mal die Leiter aus dem Garten geholt werden, damit jemand die Glühbirne im Flur einschrauben kann.« Meine Frau steht betont weiblich in der Tür und artikuliert das »Jemand« in einer sehr unnötig maskulinen Weise, die dem Unbestimmten dieses Pronomens viel von seiner wohltuenden Unbestimmtheit nimmt.

Früher hätten mich solche Aufträge nicht weiter bekümmert. Früher hätte sich nicht mal mein Puls verändert. Früher hätte ich einfach meinen Hals gedreht und nach meinem Sohn gerufen. Der Sohn lungerte anderthalb Zimmer weiter in aufreizender Untätigkeit vor irgendeinem Computerspiel, in dem halbnackte Schwertkämpferinnen Drachen köpften oder Orks durchbohrten, und deswegen hatte seine Beauftragung überhaupt nichts Delegierendes. Im Gegenteil: Es war vornehmste Pädagogik, Anleitung zum tätigen Leben, Gelegenheit zum Beitragen, zum Mitarbeiten, kurz: zum Sozialen.

Das war toll. Ein Mann mit einem Sohn ist ja ein vierarmiges Ungetüm mit großen Reichweiten, ungeheuer stark und ausdauernd. Ein Mann mit einem Sohn kann unter einem Auto liegen und seine rechte Hand herausstrecken – und schwups liegt ein 17er Maulschlüssel drin. »In Mann mit Sohn Macht ist sehr stark«, würde Yoda, der Jedi-Weise aus »Star Wars«, sagen. Und ich habe nur einen.

Ich kannte mal einen Mann mit zwei stattlichen Söhnen, die Hände wie Baggerschaufeln hatten. Der Mann ist quasi wahnsinnig geworden vor Tatkraft. Morgens beim Frühstück sagte er: »Lasst uns im Garten einen Badesee ausheben!«, und am Abend war es getan. Manchmal fehlten ihm aber auch sinnvolle Ideen, wie es im Leben allzu oft der Fall ist, und dann sprach er einfach: »Lasst uns den riesigen Wackersteinhaufen da hinten abtragen und zwei Meter weiter links wieder aufschichten.« Und die Söhne schrien voller brunftiger Sechzehnjährigkeit: »Das geht ab, Alter! Stundenlang schwere Dinge an frischer Luft bewegen! Wie geil ist das denn?« Ihre Mutter briet derweil ein halbes Dutzend Hühner und seufzte alle zwei Minuten fröhlich: »Ach, meine Männer!«

Vorbei.

Mein Sohn ist weggezogen. Die Flaschen und die Zeitungen sind hiergeblieben. Im Kühlschrank liegt seit drei Tagen ein Schnitzel, totes Fleisch, das niemand mehr zwischen seinen Zähnen zum Leben erwecken will. Wo ist die Zeit hin, als der Samstagabendfilm noch nach der Anzahl der Explosionen ausgewählt wurde? Stattdessen muss ich mir jetzt

Serien angucken, in denen Sätze fallen wie »O Howard, geh jetzt nicht!«. Das ganze Familienleben ist unausgewuchtet. Der Fokus – verrutscht. Wo früher der Sohn auf den gouvernantenhaften Hinweis der Trollprinzessin »Man stopft nicht beim Essen!« ein lässiges »Dafür hast du Pickel!« rüberreichte, um für das übliche Geschrei am Tisch zu sorgen, schauen mich jetzt plötzlich vier weibliche Augen an.

»Wie sitzt du eigentlich da?«, meint das Weib jetzt beim Abendbrot, und die Tochter ergänzt: »Wie so'n Bauer!«

Ja, ich fühle mich alt und schwach. Sohnlos ist mein Leben.

PÜRIERENDE MOMENTE

Es soll jeder nach seiner Fasson selig werden, und deswegen sagte ich an jenem geselligen Abend, dass es mich freue, zu hören, dass Mutter Dinkelkeks nach so vielen Jahren endlich cellulitäre Sättigung erreicht habe, auch wenn mir die Vorstellung eines Zustandes, in dem ein Oberschenkel einfach keine weitere Cellulite mehr aufnehmen kann, also cellulitär gesättigt ist, wie etwas erscheinen wolle, für das die Vorstellungskraft nicht erfunden worden sei. Aber natürlich würde ich die Begeisterung, die Mutter Dinkelkeks jetzt ausstrahle, deutlich sehen, ergänzte ich zögernd, und so habe eben jeder seine kleinen Ziele im Leben, und wenn es auch nur das Ausschöpfen der Aufnahmekapazität des Oberschenkelunterhautfettgewebes sei.

»Zelluläre Sättigung«, korrigierte mich Vater Dinkelkeks, »es geht um Ernährung, nicht um Oberschenkel!« »Grüne Smoothies«, flötete Mutter Dinkelkeks dazu, »du ahnst nicht, wie vital ich mich fühle, seit ich grüne Smoothies zu mir nehme.« Vater Dinkelkeks ging an die Küchenfront und klopfte stolz auf einen Mixer. »700 Euro, dafür macht er auch 35 000 Umdrehungen. Auf Salaten rumkauen, das war gestern. Wir machen jetzt Smoothies.« Vater Dinkelkeks erklärte, der Drehbums sei nötig, um die Pflanzenfasern bis zur Zellstruktur hinunter aufzubrechen. Übrig bliebe nur noch die pure Lebensenergie zum Trinken.

Respekt hob meine Augenbrauen. »35 000 Umdrehungen, mein lieber Mann. Da kannste die Holzkiste, in der deine Biosalate geliefert werden, ja gleich mit pürieren.« Vater Dinkelkeks hob lockend einen Mangoldstrunk, eine Selleriestange und eine Birne aus der Biokiste. »Soll ich dir mal einen machen?«

»Ich weiß nicht«, antwortete ich zögernd, »ich bin immer ein bisschen vorsichtig mit lebensverlängernden Maßnahmen. Nachher ist die Zukunft doof, und ich lebe immer noch.«

»Aber probieren musste mal, ich habe noch einen von heute früh. In meiner Tasche.« Vater Dinkelkeks lief zum Auto und holte die Aktentasche. Die Plastikflasche mit der grünen Pampe war aufgedunsen, ja, hatte beinahe Kugelform angenommen, und ich glaubte mich zu erinnern, dass es in diesem Universum keine grundlos geblähten Dinge gibt. Möglicherweise, so begann es mich nun zu dünken und deuchen, hatten sich schon Bakterien an der befreiten Lebensenergie gütlich getan und das Fläschchen mit den allerbedenklichsten Gasen vollgerülpst.

Denn: Stinkende Gase produzieren, das machen Bakterien ja für ihr Leben gern. Bakterien haben bekanntlich keine Nasen, und das nutzen die natürlich aus. Aber so hatte Vater Dinkelkeks den Verschluss noch nicht einmal zur Hälfte aufgeschraubt, als ihm ein Überdruck im Monstertruckreifenformat die Arbeit abnahm.

Ich habe schon viel gesehen in Küchen. Ich habe schon erlebt, wie mein Vater brennendes Frittierfett zu löschen versuchte und danach keine Augenbrauen mehr hatte. Ich habe meine Großmutter überquellende Einkochgläser mit Sauerkirschen in kaltes Wasser tauchen sehen, wonach die Sauerkirschen quasi wieder am Baum hingen, so weit, wie die flogen. Aber ein explodierender Smoothie ist noch mal was anderes. Ein Hauch von Bürgerkrieg lag in der Luft.

Vater Dinkelkeks sah aus wie ein Masern-Schaubild in Grün, und die Küche war bereit für eine neue Küche. Überall troff pure Lebenskraft von den Wänden.

»Ich hätte jetzt keinen Bock auf Renovieren«, sagte ich, »aber ihr seid ja vital genug dafür.«

WO WAR NOCH MAL DIE PEITSCHE?

»Wo kommst du jetzt her?«, fragte meine Frau misstrauisch, nachdem sie etwas früher als sonst mit Kaffee und Kuchen heimgekehrt war. »Vom Reifenwechseln«, antwortete ich und hockte mich hin, um meine Schuhe aufzubinden. Meine Frau sah aus dem Fenster, wo aber nur ein heiterer Herbsttag mit gelben Blättern jonglierte. »Der war echt schlecht«, sagte das Weib anstelle einer Ohrfeige, weil sie sich dazu hätte auch hinhocken müssen und Hock-Ohrfeigen viel Sinn für Gleichgewicht verlangen. Ich sah treuherzig auf. »Schatz, glaub mir! Ich war nicht bei einer anderen. Ich war auch nicht bei einer Jüngeren! Oder bei einer Ähnlichen! Ich habe einfach das Auto für den Winter klargemacht.«

Meine Frau trat einen Schritt zurück, um meine Identität zu überprüfen. »Aber stopp mal, warst du nicht der Mann, den der Winter jedes Jahr völlig überraschte – dieser unerwartete Morgen in Weiß, wo du vergeblich durch ein mit blanken Fingern gekratztes Sichtloch in der Fahrertürscheibe auf das Enteiserspray drinnen gestarrt hast? War Winter nicht das, wo du dich immer mit Sommerschlappen, die schon vom TÜV zur Fahndung ausgeschrieben waren, traktionsfrei auf vereisten Kreuzungen gedreht hast? War Winter nicht die Zeit der monatelang zugefrorenen Scheibenwaschanlage?«

Ja, meine Frau hatte recht. So war ich. Aber eines Tages stand ich im Zimmer, und meine Kinder waren gezeugt, die Frau geheiratet, das Buch geschrieben und die Steuern bezahlt. Da dachte ich vor lauter Langeweile: Ach, ruf doch mal bei Reifenfritze an und mach einen Termin. Reifenfritze sagte, nanu, und ich könne mir einen Termin aussuchen, denn ich sei der Erste, der dieses Jahr anrufe.

Das war ein tolles Gefühl, und ich wurde heiß auf das Gefühl, vorbereitet zu sein. Denn: Was ist das fade Glück des Zufalls gegen das Glück, planvoll vorzugehen? Sogar der Erfolg der SM-Welle bei den Mittvierzigern erklärte sich mir plötzlich mit dieser gepflegten Werkstattatmosphäre, wo man alle Instrumente schön säuberlich auf Reihe gelegt haben muss, weil es ja wohl nichts Abtörnenderes gibt als einen Master, der halbnackt in irgendeiner Kiste herumwühlt und dabei flucht: »Wo ist denn jetzt die verdammte Reitpeitsche?«, während der gefesselten Unschuld langsam kalt wird und sie eigentlich mal wohin muss.

»Es ist wirklich so«, erklärte ich, »es kam über mich. Eine plötzliche Persönlichkeitsveränderung.« Meine Frau hob fassungslos die Arme. »Du kannst nicht einfach so unabgesprochen deine Persönlichkeit verändern. Weißt du, wie lange ich gebraucht habe, mich an dein chaotisches, planloses Wesen zu gewöhnen!« »Du hast dich gar nicht dran gewöhnt«, wies ich sie zurecht, »du hast resigniert!«

»Umso schlimmer! Jetzt habe ich umsonst resigniert! Hätte ich gewusst, dass du mit genau 48 1/2 Jahren plötzlich vorausschauend und ordentlich wirst, hätte ich mich jahrelang darauf gefreut. Ich hätte mir einen kleinen Kalender aufs Nachtschränkchen gestellt und jeden Morgen jubiliert: Noch soundso viele Tage bis zum Ausbruch der Ordentlichkeit!«

Ich nahm mein Weib in die Arme und hieß sie nicht weiter streiten, weil doch heute Mittwoch sei, »quality time«, vorgeheiztes Schlafzimmer und so. Dann lagen wir abends vorm Fernseher, und ich kriegte Wallungen, als der Fernsehkoch sagte: »Ich habe hier schon mal was vorbereitet …« Was ich meiner Frau aber nicht sagte, um sie nicht noch wirklich zu beunruhigen, war, dass ich schon alle Weihnachtsgeschenke gekauft hatte. Und die für nächstes Jahr.

STIMMUNGSAUFHELLENDES

Vor einigen Jahren ging ich einmal zu meinem Doktor, weil ich beim Duschen eine seltsame Beule am Fuß entdeckt hatte. In meinem Kopf begannen sich sofort Geschichten durcheinanderzuerzählen, in denen solch kleine Beulen zur Amputation von allem nur erdenklich Amputierbarem geführt hatten oder binnen Kurzem im Inneren eines sterilen Plastikzeltes endeten. Wo Männer in weißen Ganzkörperanzügen dauernd Sätze wie »Vitalzeichenkontrolle negativ!« oder »Wir verlieren ihn!« durch Atemschutzmasken pressen.

Mein Doktor aber hörte mich an, hieß mich, den Fuß auf einen kleinen Schemel setzen, besah sich die Beule und holte währenddessen langsam, aber bedächtig einen Gummihammer aus dem Beistellschränkchen hervor.

»Ich hau da jetzt drauf«, sagte er dann.

»Um Himmels willen!«, schrie ich auf. »Das muss eingeschickt werden!«

»Halten Sie den Fuß still, Sie Memme! Ich hau da jetzt drauf, und dann hat es sich.« Und noch ehe ich den Fuß wegziehen konnte, schlug er drauf, und weg war die Beule. Und kam auch nicht wieder. Seitdem war ich begeistert von ihm. Er war der beste Arzt, denn ich je hatte. Ich war manchmal kaum im Behandlungszimmer, als er schon sagte: »Sie haben nix. Das sehe ich.« Einmal sagte er sogar: »Ihre arme Frau. Ich verschreibe Ihnen mal was Stimmungsaufhellendes.«

Und wenn ich wirklich mal was hatte, etwas, was man sogar auf dem EKG sehen konnte, meinte er nur: »Ja, aber hoffen Sie nichts Falsches. Das geht wieder weg.« Jetzt ist er in Rente gegangen. Mit gerade mal 75.

Ein junger Arzt hat seine Praxis übernommen. Ich brauche aber einen alten Arzt. Einen uralten! Einen, der in der Patientenakte seine kryptischen Notizen liest, während ich weitschweifig meine Symptome schildere, und der dabei nur beinahe unhörbar »Ach, das ist ja der schon wieder!« brummelt. Einen, der es nicht mehr nötig hat schönzutun, weil die Praxis abbezahlt ist. Der nur noch arbeitet, weil ihm sonst langweilig wäre. Einen, der zum Telefon greift und zu einem ebenfalls sehr alten Kollegen sagt: »Horst, ich schicke dir mal einen jungen Mann rüber. Wegen Verdacht auf … Glaub ich aber nicht!« Mein alter Doktor glaubte nicht an mich, er glaubte an meine Gesundheit. Mehr als ich. Es war wunderbar.

Je mehr ich vom Leben begreife, umso mehr will ich alte Leute um mich herum haben. Ja, ich bekenne: Ich will in einer überalterten Gesellschaft leben! Alte Kellner zum Beispiel haben genau die richtige Balance aus Dienstfertigkeit und Würde, und ihr Selbstbewusstsein fällt nicht gleich in Stücke, wenn man das Essen mal kritisiert. Junge Kellner tun ja immer gleich so pampig, als wären sie selbst die Pampe auf dem Teller. Alte Piloten drehen sich nicht mehr nach Stewardessen um, weswegen alte Piloten nie an vor ihnen auftauchende Bergketten prallen. (Ist echt schon passiert. Waren aber Südamerikaner. Die Stewardessen natürlich auch. Was wohl schuldmindernd ist.) Alte Friseusen nehmen einen auch mal zwischendurch dran, weil sie nicht wichtigtuerisch zwei Stunden lang an jedem einzelnen Haar entlangschnippeln müssen. Überhaupt jeder Beruf profitiert von Routine und einer durch Jahrzehnte gebremsten Hingabe.

»Ich habe hier so eine komische Stelle«, sagte ich jüngst zu meinem neuen, jungen Arzt und krempelte meinen Ärmel auf. »Das ist nichts«, sagte er dann zu meiner absoluten Überraschung und fuhr aber fort, »was man auf die leichte Schulter nehmen sollte.«

ICH VERSCHNARCHE DIE MENARCHE

Eigentlich wollte ich am Freitag mit dem strengen Kommandanten seines eigenen Nahrungsaufnahmelagers, seiner Majestät Veganissimus Dinkelkeks ein Bier trinken gehen, um mit ihm die Problematik der fleischfressenden Pflanzen durchzugehen, aber kurz vorher rief er mich an. »Geht heute nicht. Tut mir leid. Muss Kind hüten. Meine Frau ist zur Menarchefeier unserer Patentochter!« Na, wunderbar! Hatte ich mir meine ganzen Argumente also umsonst zurechtgelegt. Ich diskutiere ja für mein Leben gern mit Veganern, weil die so toll überzeugt und so leidenschaftlich sind. Ich mag Menschen, für die Butterkekse Verbrechen sind. Nach so einer Diskussion fühlt man sich gleich etwas weniger verrückt. Und jetzt?

»Das hätte sie dir ja mal eher sagen können!«, murrte ich, aber Vater Dinkelkeks meinte, es läge in der Natur der Menarche, dass man sie nicht drei Tage vorher einplanen könne. Langsam arbeitete sich mein Hirn zur Bedeutung des Begriffs vor. Die Menagerie des Monarchen war es jedenfalls nicht. Ach ja, erste Regelblutung!

»Das wird gefeiert?«, frage ich. Klar, meinte Vater Dinkelkeks, man könne einen so wichtigen Tag im Leben eines Mädchens nicht einfach so dahingehen lassen.

»Es wird aber nicht im Bundesanzeiger veröffentlicht, oder?«, fragte ich konsterniert und erkundigte mich, warum er als Patenonkel nicht gleichfalls eingeladen sei. Alter Holzgitarrist, der er sei, könne er doch was beitragen, zum Beispiel mit einem selbst geschriebenen Lied wie »Nun blute, Ute!« oder einer »Ode an die Periode«.

Vater Dinkelkeks rollte quasi hörbar mit den Augen. Nein, das sei eine Betroffenenfeier. Die Mutter, Tanten und Freundinnen, allesamt blutungserfahren, würden die Menarchistin in einem rot gewandeten Zimmer mit Rubinblüten oder so was bestreuen und im Kreis der Frauen willkommen heißen.

»Hör ich echt das erste Mal«, sagte ich, und Vater Dinkelkeks fragte mich, ob mir denn noch nie aufgefallen sei, dass Mütter heranreifender Töchter bei geselligen Zusammenkünften geradezu notwendig darüber ins Flüstern gerieten, welches der Mägdelein schon ihre Tage hätte und bei welchem es nicht mehr lange dauern könne.

Ich bekannte mit einer leichten Verunsicherung, dass wir bei unserem Sohn den Übertritt ins Geschlechtsleben weder herbeigefiebert noch irgendwie zeremoniell begleitet hatten. Andererseits fiele mir auch jetzt noch keine deutsche Wortzusammenstellung ein, mit der ich meinen Sohn nach einer erfolgreichen Erstbesudelung hätte fragen mögen. Mein eigener Eintritt in die Fortpflanzungsfähigkeit wurde jedenfalls von meinen Eltern mit steifer Würde übergangen, wahrscheinlich aber noch nicht mal wahrgenommen. (Vielleicht auch, weil ich alles sofort gewaschen und die Fenster wieder blank geputzt habe.) Es gab keine Blumen und kein Sektfrühstück. Aber das war auch gar nicht nötig. Ich war ja nicht verwirrt und hilflos, sondern heimlich vergnügt wie nur jemand, der einen geheimen Ausgang aus dem irdischen Jammertal gefunden hat. Die Ejakularche ist ja auch eher so eine Art unerwarteter Hauptgewinn in der Rubbellos-Lotterie. Das will man nicht teilen, schon gar nicht mit älteren Männern, die einen mit rituellem Brummen oder Rutenschwenken unter sich willkommen heißen.

Vielleicht werde die Mannwerdung unter Männern auch deswegen nicht gefeiert, philosophierte ich fort, weil damit die Schwierigkeiten überhaupt erst anfangen. Es schiene mir zynisch, jemanden im Kreis der Unglücklichen willkommen zu heißen. Ab jetzt könne schließlich aus einer Unterhaltung schnell mal Unterhalt werden. Ab jetzt könne man sich nicht mehr wirklich auf die wichtigen Dinge konzentrieren. Ab jetzt werde man mindestens einmal im Leben gegen einen Laternenmast rennen, weil man sich offenen Mundes nach einem Hüftschwung umgesehen hat. Ich würde es einmal so formulieren wollen: Als Dreizehnjähriger denkt man noch, man hat es in der Hand. Aber als Dreiundvierzigjähriger weiß man, es hat einen in der Hand.

Wir schwiegen eine viertel Minute voll tief empfundenen Wissens. Dann meinte Vater Dinkelkeks, vielleicht sollten Männer lieber den Tag feiern, an dem es vorbei ist. Eine Art Ausstand geben. Mit Freunden darauf anstoßen, dass man es geschafft hat, durch die Front des Geschlechtslebens nach

Hause zu kommen. Dort, wo die Säfte ruhen und die Blumen blühen, und Lektüre um der Lektüre willen wieder möglich ist.

»Diesen Tag gibt es leider nicht«, erwiderte ich, »Männer können bis zum Schluss, und wenn sie nicht mehr können, können sie wenigstens noch gucken.«

Zum Exempel: Als ich meinen bettlägerigen Vater mal wieder ausgiebig hatte bedauern wollen, hatte der mich mit dem Hinweis unterbrochen, ihm ginge es prächtig (ich schob es zunächst auf die Tabletten), und zwar nicht zuletzt deswegen, weil er drei mal am Tag Besuch von sehr ansehnlichen und auch sonst stattlichen Damen bekäme, die sich weit über ihn beugten, wenn auch nur pflegehalber. Also, wie gesagt: Es fängt zwar irgendwann an, aber es hört niemals auf.

Vater Dinkelkeks erläuterte, dass eine Menarchefeier für Mädchen aber dann doch mehr sei als nur ein geschmücktes Willkommen, denn anders als die jungen Männer bräuchten die jungen Damen für den Eintritt in die Geschlechtsreife einiges an Unterrichtung, da dieser ja nicht nur regelmäßig Unpässlichkeit, sondern auch an- und abschwellende Vorformen des Wahnsinns mit sich brächte.

Ich stimmte ihm sofort mit einer fast übereinandergesprochenen Salve von lauter »O ja!«, »Das kannste laut sagen!« und »Ein wahres Wort!« und »So viel ist mal klar!« zu, hatte ich doch selber jahrelang geglaubt, dass der Mann namens Ich die Ursache der Kreischprügelattacken oder Heul- und Fressanfälle meiner jeweiligen Freundinnen war, und sei es auch nur, dass ich »nicht so verständnisvoll glotzen« oder »meine Scheiß-Zärtlichkeiten für mich behalten« solle. Bis ich anfing, über unsere Streits Buch zu führen, und mir ein Blick in den Kalender enthüllte: Erst bekommen Frauen ihre Minuten, dann ihre Tage. Aber da hatte ich schon etliche Bücher ins Kreuz bekommen. (Was noch geht, da meine Bibliothek überwiegend aus Paperbacks besteht. Anders wäre es sicher gewesen, wenn ich Fleischermesser oder Bowlingkugeln sammeln würde.)

Damit war alles gesagt, und Vater Dinkelkeks und ich verabschiedeten uns, nicht ohne dass ich ihn darauf aufmerksam machte, dass der Apfel, den er neulich in unserem Garten gegessen habe, madig gewesen sei, und dass er jetzt sein Karma mit dem Tod dieses unschuldigen Apfelwicklerwürmchens wieder nach unten rangiert habe. Abgesehen davon, dass unsere Bäume von Zucht-, ja mehr noch von Industriebienen bestäubt würden. Vater Dinkelkeks verfluchte mich, was ich hinnahm.

Dann ging ich zu meiner Frau, um ihr mein ausgefallenes Kumpelbier und unerwartetes Hierbleiben zu verkünden und dass sie heute Abend leider ihr geliebtes »Downton Abbey« in der von mir kommentierten Fassung gucken müsse. Meiner Frau war das aber gar nicht unrecht, denn sie wollte mir noch eine Reihe von Aufgaben erteilen, weil sie von Montag bis Mittwoch auf Dienstreise sei. Obwohl ich die Dienstreisen meiner Frau normalerweise begrüße, weil ich dann ohne Schlafmaske einschlafen kann (meine Frau liest noch etwa ein, zwei Stunden im Bett, um, von wo auch immer, »runterzukommen«), wurde mir diesmal, nach dem Gespräch mit Vater Dinkelkeks etwas klamm.

»Darf ich dich mal was fragen?«

Meine Frau sah mich an und wartete, während ich wie Drucks, der kleine Wortesucher, in der Tür stand.

»Unsere Tochter ist ja nun nicht mehr die Jüngste ... aller Mädchen. Was soll ich tun, wenn in deiner Abwesenheit dieses Frauendings plötzlich passiert? Der Tag, an dem man keine Watte hatte! Ach, guck doch jetzt nicht so rätselhaft!«

Meine Frau erhob sich und kam etwas näher als sonst und richtete mir den Hemdkragen, wie sie es nur macht, wenn sie mir etwas schonend beibringen will.

»War schon.«

Und ich riss die Hände auseinander und rief empört: »Aber wie? Einfach so? Ohne Feier?«

ZULETZT

Ich weiß, das klingt jetzt etwas kindlich: Aber ich möchte auch mal Diamantene Hochzeit feiern. Und eigentlich stünden die Chancen gar nicht schlecht, schließlich habe ich mit zweiundzwanzig Jahren geheiratet. Und ein Alter von zweiundachtzig Jahren sollte bei umsichtiger Fahrt auf der blauen Piste des Lebens ja doch wohl drin sein. Das Dumme ist bloß: Ich habe mich mit vierundzwanzig Jahren wieder scheiden lassen. Warum, weiß ich nicht mehr. Wahrscheinlich war meine Damalige irgendwie gerade mal nicht so, wie ich es erwartet hatte. Da habe ich mich halt von ihr getrennt. Heute würde ich mich wahrscheinlich eher von meinen Erwartungen trennen. Das kommt auch insgesamt billiger.

Das weiß ich, weil ich mit einunddreißig Jahren ein zweites Mal geheiratet habe. Diesmal war es aber ein richtiger Fehlgriff, und weil wir es nicht glauben wollten, ließen meine zweite Frau und ich uns das in acht Prozessen von drei Amtsgerichten und einem Oberlandesgericht bestätigen. Ich sage mal so: Von dem Geld hätte man Fukushima erdbebensicher machen können.

Dann habe ich meine dritte Frau kennengelernt, und wir lebten lange Jahre friedlich und unverheiratet zusammen. Doch eines Tages geschah es: Wir stritten uns über Erziehungsfragen. Meine Frau war der Meinung, der Sohn sollte konsequent und liebevoll erzogen werden, und ich war der Meinung, dass der Sohn liebevoll und konsequent erzogen werden sollte. Der Streit war von exquisiter Sinnlosigkeit, weil der Sohn bereits achtzehn Jahre alt war. Aber egal: Ein Wort gab das andere, und diese Worte waren »Immer musst du« und »Nie machst du«, und schon krachten die Türen. Da dachte ich wieder einmal an Trennung. Aber es war kurz vor Ostern.

Ostern fahren wir immer zur Schwester meiner Frau nach Mecklenburg, machen Osterfeuer und Heidentaufen im kalten Wasser. Also, das würde ich mir nicht entgehen lassen. Danach war es auch schlecht, weil meine Mutter im Mai Geburtstag hat, und das wollte ich ihr nicht antun. Im Sommer ging es gleich gar nicht, weil wir Urlaub auf Gomera gebucht hatten, und zwar ohne Reiserücktrittsversicherung. Dann war bald wieder Weihnachtszeit, wo meine Frau immer wieder diese leckeren Elisen und Vanillekipferl macht. Und ich kenne absolut niemanden, der sie so gut hinkriegt. Außerdem gehe ich jeden Sonntagabend mit meiner Frau tanzen, und wir sind schon im Supergoldstarkurs, und jetzt kurz vor der Prüfung auszusteigen wäre der blanke Wahnsinn.

Deswegen ging ich zu meiner Frau: Das hast du ja schön hingekriegt, mit diesem ganzen Zusammenleben und den kleinen Ritualen zu Ostern und dem Gebäck in der Weihnachtszeit und dem Tanzkreis und der Löffelstellung, ohne die ich nicht einschlafen kann. Jetzt kann ich mich nicht mal von dir trennen, weil ich nach all dem süchtig bin, obwohl wir uns gar nicht verstehen und in Fragen der Kindererziehung völlig über Kreuz sind. Du hast mich völlig trennungsunfähig gemacht mit diesen ganzen Gewohnheiten, und deswegen werde ich dich jetzt heiraten. Und das habe ich denn auch letzten Sommer getan, sodass ich mit dreiundsiebzig Jahren Silberhochzeit feiern kann.

Das ist natürlich deprimierend spät, und deswegen habe ich eine Idee entwickelt, wie ich doch noch Diamantene Hochzeit feiern kann, ohne 108 Jahre werden zu müssen, was bekanntlich nur Johannes Heesters geschafft hat. Mein Vorschlag ist, meine Ehen einfach zusammenzuzählen. Es ist ein bisschen so, als würde man nicht nur die Betriebszugehörigkeit, sondern die Berufsjahre feiern. Ich werde alle meine Ehefrauen zum Diamantenen Ehemann-Sein einladen, und dann können sie mal sehen, was sie verpasst haben oder was ihnen erspart geblieben ist.

**Ein sehr kleiner Professor,
eine sehr große Sibirierin und
jede Menge Mafia ...**

Neues von Stefan Schwarz,
dem Meister des
abgründig-komischen Familienromans

SATIRE IN BESTFORM

Im Buchhandel oder online direkt beim Verlag bestellen.
www.seitenstrassenverlag.de/shopuebersicht
Lieferung innerhalb Deutschlands versandkostenfrei!

GLOSSAR

Dieses Buch versammelt drei bisher unveröffentlichte Texte (S. 07, S. 117, S. 123) sowie die Kolumnen des Autors in der Monatszeitschrift DAS MAGAZIN aus dem Zeitraum 11-2011 bis 10-2014. Zwei Texte entstanden für Anthologien bei rororo im Rowohlt Verlag: »Mein Eifon« in »Die schlimme Zeit zwischen Aufstehen und Hinlegen«, 2013, und »Himmel blau, grüne Frau —ein Reisebericht« unter dem Titel »Urlaub mit Bauarbeitern« in »Urlaub mit …«, 2012.